T0037739

El poder de desear las cosas

Keiko es la astróloga más destacada de Japón y experta en manifestación de deseos. Su misión es ayudar a personas de todo el mundo a crear la vida que siempre han deseado. Es la fundadora de la lunalogía, un método revolucionario para atraer la fortuna utilizando la energía y el ciclo de la Luna, y la creadora de una original técnica de manifestación a la que denomina *power wish* o deseo consciente. Autora de más de veinte libros sobre lunalogía y el método del deseo consciente, ha vendido más de un millón de ejemplares en Japón. Sus sencillas técnicas y asequibles consejos le han cosechado legiones de seguidores, entre ellos numerosas celebridades y figuras políticas japonesas, atraídos por su enfoque espiritual y a la vez práctico. Keiko está entusiasmada de dar a conocer —por primera vez— el potencial transformador de la lunalogía y el deseo consciente a lectores de todo el mundo.

Visita la web de Keiko, keikopowerwish.com, y síguela en @keikopowerwish en Instagram.

Keiko

El poder de desear las cosas

La astróloga más destacada de Japón revela
los secretos de la Luna para atraer el éxito, la felicidad
y el favor del universo

Traducción de
María del Mar López Gil

Papel certificado por el Forest Stewardship Council®

MIXTO
Papel | Apoyando la
silvicultura responsable
FSC® C117695

Penguin
Random House
Grupo Editorial

Título original: *The Power Wish*
Primera edición: enero de 2021
Primera reimpresión: octubre de 2023

Originally published in Japan as *Shingetsu Mangetsu No Power Wish: Keiko Teki Uchuu Ni Ekohiiki Sareru Negai No Kakikata* by Kodansha, Tokyo, in 2017. All rights reserved. Spanish translation rights arranged with Julio F-Yañez Agencia Literaria S.L. and Gudovitz & Company Literary Agency, New York, USA.

Printed in Spain – Impreso en España

ISBN: 978-84-03-52225-1
Depósito legal: B-14492-2020

Compuesto por Raquel Martín
Impreso en Rodesa
Villatuerta (Navarra)

AG 2 2 2 5 A

Índice

Introducción

Desde la antigüedad, la astrología ha sido una de las fuentes de sabiduría más fidedignas que la humanidad ha tenido a su alcance. Seguro que muchos de vosotros habéis leído libros sobre astrología o realizado consultas de lecturas astrológicas.

Tal vez para descubrir vuestro particular talento y potencial.

Tal vez para averiguar cuándo se presentará vuestra próxima oportunidad.

O tal vez para averiguar el grado de compatibilidad con el ser amado.

Y sin embargo...

¿Quedasteis totalmente satisfechos con la respuesta?

¿Dieron realmente vuestras vidas el giro deseado?

Permitidme que reformule la pregunta: ¿y si hubierais leído en un libro que ibais a quedar atrapados en un pozo sin fondo durante los próximos tres años? ¿Y si al acudir a un astrólogo os hubiese dicho que la compatibilidad con vuestra pareja era absolutamente nula, y que casándoos echaríais a perder vuestra vida?

La astrología tal y como se concibe actualmente no aporta soluciones a ninguno de estos escenarios. ¿Por qué? Porque la astrología en sí no dispone de herramientas para hacer realidad tus sueños.

Hay, sin embargo, una excepción: el deseo consciente.

El deseo consciente no es un medio para descubrirse a uno mismo ni una técnica para predecir el futuro. No importa quién seas o bajo qué tipo de estrella hayas nacido. El deseo consciente es un método para hacer realidad tus sueños. Y utiliza el sistema astrológico de los doce signos del Zodíaco con ese propósito.

Hay infinidad de aficionados a la astrología, pero desgraciadamente la mayoría solo sabe utilizarla de un modo bastante pasivo. El deseo consciente, por el contrario, es un método proactivo de astrología aplicada. (Para mí, en realidad, esta es la mejor parte de la astrología). Es una manera sumamente práctica y eficaz de confiar en el gran poder del universo para crear la vida de tus sueños.

El método del deseo consciente es el arte secreto de manifestar los deseos de tu corazón. Es una técnica para hacer realidad tus sueños y hasta ahora no se había enseñado.

Un deseo consciente es básicamente un deseo de luna nueva, un deseo formulado cuando la Luna se encuentra en el novilunio de su ciclo mensual; no obstante, va mucho más allá. El motivo por el que lo denomino deseo consciente es porque esta técnica en realidad tiene el poder suficiente para mover el universo.

Cuando pides un deseo con luna nueva, se cumple: es un hecho indiscutible. La luna nueva es un fenómeno que se produce cuando la Luna se encuentra en conjunción perfecta con el Sol. Como se corresponde con el día cero del ciclo lunar, si se tratase de un ser humano equivaldría a un recién nacido, lo cual significa que todo crecimiento comienza aquí.

Cuando siembras la semilla de un deseo con luna nueva, da fruto. No es cuestión de magia. En lo tocante al ciclo del universo, es absolutamente natural.

Dicho esto, necesitarás conocer unos cuantos trucos para aprovechar este poder de manifestación. Escribe tu deseo en el momento indicado usando palabras de alta vibración. Esa es la regla de oro del método del deseo consciente.

Yo misma, mediante el método del deseo consciente, conseguí plaza en la universidad de mi primera elección, me contrataron en la empresa que deseaba, me puse a trabajar por cuenta propia en el momento perfecto, enseguida triunfé en infinidad de empresas propias, recibí una oferta milagrosa para publicar un libro siendo una escritora totalmente desconocida y le robé el corazón al hombre al que amo. Efectivamente: ¡todo en mi vida me sale redondo!

Todo ello es debido a que continuamente formulaba deseos conscientes en la intimidad. Solo yo conocía el arte secreto; nadie más.

No es necesario realizar un gran esfuerzo para hacer realidad los sueños. El talento tampoco tiene nada que ver con eso. En realidad, ni siquiera hace falta desearlo en lo más hondo. El único requisito es conocer las reglas del método del deseo consciente. Lo único que tienes que hacer es formular tu deseo siguiendo las reglas.

PRIMERA PARTE

¿En qué consiste el método *power wish,* o del deseo consciente, de luna nueva y luna llena?

A diferencia de la mayoría de los astrólogos, que leen el flujo de todas las cosas principalmente a través de los signos solares, yo utilizo la Luna como lente. Esta es la diferencia fundamental entre la astrología común y mi rama de la astrología, a la cual denomino *lunalogía*.

La lunalogía es un método para atraer la buena suerte a través de la Luna, y consta de tres elementos:

1. Signo lunar personal

Tu signo lunar personal refleja tu fuerza gravitatoria innata: el poder de atraer cosas a tu vida. Es tu signo lunar, no tu signo solar, el que atrae todas las cosas que conducen a la felicidad, como las oportunidades profesionales y amorosas, las vocaciones innatas, las fuentes de ingresos y las almas gemelas. ¿Por qué? Por la fuerza gravitatoria de la Luna.

Mi teoría es que la clave para alcanzar la fortuna y la felicidad es sacar el máximo partido de tu signo lunar.

Para más información acerca del signo lunar personal, ver página 240 («Técnica 1: Aprovecha al máximo la luna nueva y la luna llena en tu signo lunar»).

2. Signo lunar diario

La Luna transita por cada uno de los doce signos del Zodíaco cada dos días y medio, completando un ciclo en veintinueve días y medio aproximadamente. Cuando sabes en qué signo se encuentra la Luna en cualquier día dado y tomas las medidas oportunas (en tu forma de vestir, comer, vivir, actuar, ver y pensar), sintonizas con el ritmo del universo, lo cual te traerá buena suerte. Si adquieres la costumbre de vivir en armonía con el signo lunar diario, triunfarás de manera natural.

3. Deseo consciente

El deseo consciente es un método de manifestación que saca el máximo partido tanto de tu fuerza gravitatoria innata (el signo lunar personal) como de la fuerza gravitatoria de la Luna (el signo lunar diario). Es una manera sumamente precisa de manifestar los deseos y sueños utilizando la fuerza gravitatoria de la Luna en su cénit cada mes, con luna nueva y luna llena. En este libro explico detalladamente este método.

Por qué funciona formular deseos a la Luna

La luna nueva, un fenómeno que se produce cada mes, es el día en que la Luna y el Sol se hallan en conjunción perfecta. Mucha gente tiene por costumbre poner por escrito sus sueños y deseos ese día, pero ¿sabes por qué los deseos se hacen realidad cuando los escribes con luna nueva?

La Luna es el único satélite de la Tierra, una presencia que conecta la Tierra con el universo. Imagina un «servicio técnico de la Tierra» que actúa como enlace entre quienes vivimos en la Tierra y los demás planetas del sistema solar. La Luna, nuestro servicio técnico particular, traslada nuestros deseos al universo.

La Luna no es la única que juega a tu favor; en sentido estricto, es el universo el que materializa tu deseo. Aun así, no cabe duda de que la manera más efectiva de transmitir deseos al universo es a través de la Luna, dado que esta ha servido de servicio técnico a la Tierra desde hace más de doscientos millones de años.

La Luna es la intermediaria de la Tierra

Ya sabes que diversas marcas autorizan a minoristas que funcionan como «intermediarios» de dichas marcas. A través de las tiendas podemos encargar el artículo que queremos (pedir un deseo) y posteriormente recibir ese artículo (el deseo se materializa). Formular deseos a la Luna funciona porque se sigue el mismo proceso. La Luna es la «intermediaria» de la Tierra, y traslada los deseos al universo.

Es importante señalar, no obstante, que la sincronización es clave. ¿Por qué? Porque el universo no acepta pedidos las veinticuatro horas durante los siete días de la semana. Del mismo modo que las tiendas tienen horarios de apertura, el universo también restringe los días que acepta deseos por nuestra parte: solamente dos.

¿Qué determina que tu deseo se haga realidad?

Los fenómenos de la luna nueva y la luna llena se producen en los dos días de cada mes que el universo ha designado para aceptar nuestros deseos. La razón por la que los deseos suelen hacerse realidad coincidiendo con la luna nueva y la luna llena es que el universo ya tiene la predisposición para concederlos. Por regla general, el universo es proclive a materializar los deseos que recibe con luna nueva y luna llena.

Si tus deseos no se cumplen ni siquiera formulándolos en los días adecuados, has de ser consciente de que el problema radica en ti. Quiere decir que no sabes cómo escribir tus deseos correctamente.

Piensa en ello: si envías una solicitud para un puesto de trabajo, la persona responsable es la primera en realizar la criba. Si no da el visto bueno, no hay nada que hacer; en otras palabras, tu deseo no se cumplirá. En ese caso, si quieres que tu deseo se haga realidad, has de redactar una solicitud que atrape a la persona responsable.

Dicho de otro modo, para hacer realidad tu deseo has de redactarlo de tal manera que capte el interés del universo. ¡Aún mejor si con ello te ganas el favor del universo y te conviertes en su favorito! Así es: el hecho de que tu deseo se materialice depende de cómo lo redactes.

Si tu deseo de luna nueva no se ha hecho realidad

Cada vez que actualizo mi blog japonés sobre la luna nueva, recibo la misma petición de mis lectores: «Por favor, enséñame cómo pedir un deseo con luna nueva. Me gustaría mucho saber si tienes un método especial propio para escribirlo».

A pesar de que mis lectores llevan tiempo pidiéndome esto, yo, pensando que no tenía tanta urgencia, lo había dejado en suspenso.

Sin embargo, hace muy poco recibí este correo electrónico de Chikako, una de mis lectoras:

«Llevo más de tres años escribiendo mis deseos con luna nueva, desde el momento en que me enteré de que sirve de ayuda. Aunque algunos de ellos se han cumplido, la inmensa mayoría no. ¿A qué se debe? ¿Los estoy escribiendo mal o acaso el problema radica en mí?».

El truco es poner al universo «de tu parte»

«Así es como normalmente escribo mis deseos —continuó Chikako—. Si los estoy escribiendo mal, ¿podrías aconsejarme acerca de la manera adecuada de escribirlos?».

Mientras leía los deseos que ella había escrito el mes anterior, me chocó lo mucho que su estilo difería del mío, tanto desde el punto de vista de la estructura como de la elección de palabras.

Y pensé: «Mmm..., ¿acaso estas palabras van a poner al universo de su parte para concederle el deseo?».

El universo es el único que tiene la potestad de conceder deseos. De modo que, a menos que redactes tu deseo de forma que pongas al universo de tu parte, de poco sirve, ¿no?

En ese momento me acordé de mi amigo Ken, que actualmente es director de RR. HH. en una importante corporación. Cuando quedé con él para tomar una copa hace poco, se puso un poco achispado y soltó: «Odio decir esto, pero yo nunca reviso todas las solicitudes de empleo. Nunca dispongo de tiempo suficiente para eso; recibo miles de golpe. En vez de eso, selecciono rápidamente las que destacan, y me limito a revisar esas. Hay ciertas solicitudes que me llaman la atención, ¿sabes?».

Al recordar el comentario de Ken, se me ocurrió que los deseos de Chikako no llamaban la atención del universo.

Es más, caí en la cuenta de que seguramente hay muchas más personas como Chikako cuya manera de escribir los deseos pasa inadvertida al universo.

Y si a todas esas personas les entristece que sus deseos no se hagan realidad, bajo ningún concepto puedo ignorarlas. No tengo más remedio que enseñarles cómo redactar sus deseos de la manera adecuada para garantizar que se transmitan al universo. Esa es la razón por la que decidí escribir este libro.

No basta con escribir tus deseos

Un descargo de responsabilidad antes de comenzar: no existe una forma «correcta» como tal de escribir un deseo de luna nueva. En lo que respecta a poner por escrito los deseos, no existe una manera de hacerlo bien o mal.

Dicho esto, desde luego que hay una fórmula efectiva: poner al universo de tu parte.

Precisamente ese método es el que me dispongo a compartir contigo. Con él, no solo llamarás la atención del universo, sino que también te ganarás su favor.

Si existiese una empresa en la que realmente quisieras trabajar, ¿acaso no adaptarías tu solicitud de empleo para deslumbrarlos con ella? Lo más importante no es en qué medida tienes talento o motivación; por encima de todo, tu solicitud ha de llamar la atención de la persona responsable de contratación.

Una cosa más: aun cuando tu solicitud suscitase su interés, si lo que ofreces no cumple sus requisitos, es una pérdida de tiempo. Si la empresa busca un comercial, ¿acaso hacer alarde de tu talento y experiencia en contabilidad va a propiciar que te contraten?

Por mucho empeño que pongas a la hora de redactar tu solicitud para el puesto, si no satisface las necesidades de la empresa o no llama la atención del responsable de contratación es probable que no superes la criba inicial. Tus aspiraciones de trabajar en la empresa se truncarán.

Lo mismo ocurre con los deseos de luna nueva.

El «resorte» que capta la atención del universo

Al escribir tus deseos con luna nueva, si te limitas a elaborar una lista interminable de lo que quieres, jamás obtendrás resultados. Es el universo el que tiene la potestad de concederte el deseo, de modo que has de adaptarlo a sus gustos. De lo contrario, de entrada no tiene sentido escribir el deseo.

Sin embargo, si redactas tus deseos de tal manera que sean perceptibles para el universo, tienes las de ganar. Como dijo mi amigo Ken, hay un cierto estilo de redacción que atrapa. Es como un «resorte» que pone al universo de tu parte.

Si activas ese resorte al poner tus deseos por escrito, su materialización es pan comido. A medida que le cojas el tranquillo, te encontrarás en tal sintonía con el universo que la materialización de tus sueños te parecerá un juego de niños. Con el tiempo, alcanzarás un estado en el que se harán realidad incluso antes de formularlos. Todo esto es posible cuando sintonizas con el universo.

Condiciones para ganarse el favor del universo

Por si no lo sabías, el universo no es justo. Tal vez Buda o los *bodhisattvas* ofrezcan la salvación a todos por igual, pero el universo no. Siente debilidad únicamente por personas de su agrado: las que son capaces de acompasar su ritmo al del universo. ¿Te parece eso horrible?

Verás, es que el universo tiene razones de peso para favorecer a ciertas personas. Favorece a las que aportan felicidad a quienes los rodean, a las que dan con generosidad, y a las que ejercen una influencia positiva en el mundo. Como es natural, el universo da prioridad a los deseos de estas personas, porque cuando el universo materializa los deseos de quienes ejercen un impacto positivo en su entorno, cada vez son más las personas que alcanzan la felicidad.

Si tuvieses que elegir entre conceder deseos a alguien que solo se preocupa por sí mismo o hacerlo con quien está dispuesto a compartir la dicha, la riqueza y la felicidad de su materialización con muchas más personas, a ver, ¿qué opción elegirías?

Seguro que la segunda. El universo coincide contigo.

Cuando el deseo se haga realidad, corresponde con amor y gratitud

La voluntad del universo es que la Tierra se colme de amor y que todas las personas que la habitan alcancen la felicidad. Pero el universo no puede hacer todo esto por sí solo. Nosotros, los habitantes de la Tierra, tenemos que poner de nuestra parte.

Esto no significa, no obstante, que tengas que entregar tu vida entera al servicio de los demás. No es que el universo espere que todos nos convirtamos en la madre Teresa de Calcuta. Como humanos, es natural que persigamos nuestros sueños e ideales y que queramos disfrutar de la vida. Albergar deseos no supone ningún problema en absoluto.

Dicho esto, en primer lugar has de entender que el hecho de que tu sueño se cumpla o no es solo gracias a las personas que te rodean —y a su apoyo material y moral—. El universo marca las pautas, pero son otras personas las artífices de la materialización de tu sueño.

Cuando tu sueño se cumpla, expresa tu agradecimiento con amor, y trasmite tu felicidad al mundo. Si mantienes este ciclo durante el resto de tu vida, no habrá límites en la cantidad y envergadura de los deseos que el universo te conceda.

El método del deseo consciente de luna nueva y luna llena según Keiko

Hasta la publicación de este libro, el método de petición de deseos que me dispongo a presentar solamente lo había compartido con amigos íntimos. Antes de comenzar, permíteme puntualizar algo: yo no denomino a estos deseos simplemente deseos de luna nueva (o llena), sino que empleo el término *deseo consciente*.

Deseo frente a deseo consciente

Hace mucho tiempo que comencé a denominarlo *deseo consciente* en vez de *deseo* sin más. Me preocupaba que la vibración de la palabra *deseo* connote algo débil, simple y llanamente, no me parecía un sustantivo a la altura del increíble poder de la luna nueva y la luna llena. Cuando me planteé cómo llamarlo si no, inmediatamente me vino a la cabeza *deseo consciente*.

No te imaginas la cantidad de amigos íntimos que comenzaron a realizar grandes progresos en la manifestación de sus deseos en cuanto les dije que lo denominaran *deseo consciente* en vez de *deseo* sin más. Y lo único que hicieron fue usar un término diferente.

Sin embargo, tiene toda su lógica, porque las palabras poseen vibración. Ya se trate de poner un nombre a alguien o de escribir un deseo, lo importante es la vibración. La clave de la manifestación es emplear palabras con la vibración más potente y elevada.

Por eso lo denomino *método del deseo consciente*. Es una manera extraordinariamente poderosa de hacer realidad tus sueños. Plantéatelo como una herramienta para materializar tus deseos, mucho más allá de conformarte con desear y quedarte a la expectativa.

Ejemplos de deseos conscientes

¿Qué entraña un deseo consciente? ¿En qué se diferencia de escribir un deseo normal y corriente?

Antes de entrar en materia, me gustaría ponerte algunos ejemplos. Uno es un deseo consciente que yo misma escribí recientemente. El otro lo escribió mi amiga Wakako.

Ejemplo 1 de deseo consciente
Yo llevaba más de un año buscando un buen fabricante para lanzar un nuevo producto.

No había logrado encontrar uno bueno, tal vez porque tenía el listón muy alto. «Supongo que a fin de cuentas no es fácil», pensé, casi a punto de darme por vencida. Pero entonces caí en la cuenta de que al día siguiente había luna nueva. «Un momento: ¡es la ocasión perfecta para un deseo consciente!».

La luna nueva estaba en Piscis. Las virtudes de Piscis son el amor incondicional y la conexión con lo invisible, así que este signo no es precisamente adecuado para peticiones relacionadas con los negocios. Sin embargo, con el método del deseo consciente, eso no supone el menor problema, porque puedes comunicarte con el universo por medio de palabras especiales a las que denomino *frases de anclaje* y *anclajes*. (Explico pormenorizadamente ambos conceptos en la las páginas 46 y siguientes).

Este es, textualmente, el deseo consciente que escribí en aquella ocasión:

> **Tengo la certeza de que el deseo que estoy formulando está totalmente alineado con la voluntad del universo, y que es la forma más elevada e idónea para traer amor y prosperidad al mundo. Mediante el deseo que estoy formulando, pongo la intención en que mi amor y poder se extiendan rápidamente a todos los seres del planeta.**
>
> Actualmente tengo previsto desarrollar un nuevo producto. Pongo la intención en encontrar al mejor fabricante para que me ayude a producirlo y crear un producto rebosante de vibración de amor.
>
> Además, pongo la intención en que el amor se extienda a todos aquellos que reciban mi producto, bendiciéndolos a ellos y a sus familias con la felicidad.

Una de las reglas del método del deseo consciente es escribir deseos no solo dirigidos a la luna nueva, sino también a la luna llena (aunque el estilo de redacción difiere bastante). Para deseos conscientes de luna llena te centras en la gratitud y los redactas como si ya se hubieran hecho realidad. (Explico esto con más detalle en las páginas 51 y siguientes). He aquí el deseo consciente que escribí dos semanas después, cuando la luna llena se encontraba en Virgo:

> **Agradezco que mi deseo se haya cumplido de la forma más rápida posible según los designios del universo. Prometo compartir esta felicidad con el mundo con todos los medios que tenga a mi alcance. Agradezco que el amor y la luz del universo me acompañen en todo momento.**
>
> Encontré un maravilloso fabricante de alimentación que reúne los requisitos con creces y he firmado un contrato con ellos. Estoy muy agradecida por este milagro. ¡Muchas gracias!
>
> Mi idea se ha llevado a la práctica sin el menor contratiempo, y se ha creado un producto absolutamente perfecto. ¡No doy crédito por la abrumadora respuesta de mis clientes! Muchas gracias.

Estos deseos conscientes fueron escritos a finales de febrero, con luna nueva en Piscis, y a mediados de marzo, con luna llena en Virgo. Nada más comenzar el mes de abril, recibí un correo electrónico de mi amigo Osamu, a quien hacía mucho tiempo que no veía. «¿Te apetece tomar algo este jueves? —decía—. Me acompañará un amigo».

Cuando llegué a nuestro lugar de encuentro aquel día, Osamu estaba con su amigo, el señor Uchida, el cual era, según Osamu, «un colega para salir de copas». Sin embargo, cuando comenzamos a charlar, ¡descubrí que era el director ejecutivo de una empresa de fabricación de alimentos! Y cuando le describí el producto que quería producir y le comenté que me había resultado imposible dar con un fabricante, él dijo: «Mi empresa puede hacer eso perfectamente. Es fácil».

Osamu no tenía ni idea de que yo andaba buscando un fabricante de alimentación. Simplemente mediante el método del deseo consciente, logré encontrar el fabricante ideal por las buenas, a pesar de que me había resultado imposible a lo largo de más de un año.

Ejemplo 2 de deseo consciente

Cuando vi a mi amiga Wakako hace un tiempo, me dijo: «Me gusta alguien del trabajo, pero no se ha producido ningún avance. La verdad es que no quiero ser la que tome la iniciativa, pero si me quedo de brazos cruzados él no va a dar el paso. Me pregunto si debería tirar la toalla sin más».

A decir verdad, mientras la escuchaba, yo pensaba: «Esto no tiene pinta de funcionar». Sin embargo, tres días después la luna llena iba a entrar en Acuario, y a las dos semanas se iba a producir un eclipse en Virgo. La sincronización no podía haber sido más perfecta.

A veces se dice que un eclipse solar es una versión especial de una luna nueva. Se trata de una ocasión asombrosamente poderosa en la que tus intenciones pueden entrañar un significado aún mayor de lo habitual. Debido a esa sincronización, me dio la sensación de que mi amiga tenía posibilidades de volver las tornas, de modo que le pregunté: «Oye, Wakako, ¿te gustaría probar una cosa llamada deseo consciente?».

Y ella respondió entusiasmada: «¡Sí! ¡Sí! ¡Claro que sí!».

He aquí el deseo consciente de luna llena en Acuario que Wakako escribió:

Agradezco que mi deseo se haya cumplido de la forma más rápida posible según los designios del universo. Prometo compartir esta felicidad con el mundo con todos los medios que tenga a mi alcance. Agradezco que el amor y la luz del universo me acompañen en todo momento.

Fumito y yo ahora salimos por ahí a todas horas como si fuéramos uña y carne. ¡Soy inmensamente feliz! Muchas gracias.

Fumito y yo estamos construyendo una relación libre e estimulante a nivel intelectual, en la que compartimos una profunda conexión sin necesidad de controlarnos el uno al otro. Ahora mismo me siento plena. Muchas gracias.

Dos de los conceptos clave de Acuario son la *amistad* y la *libertad.* A pesar de que se trataba de su primer deseo consciente, Wakako lo expresó tan bien que incluso incluyó estos conceptos... ¡Qué maravilla!

Y he aquí el deseo consciente que redactó al cabo de dos semanas, con luna nueva en Virgo (un eclipse solar):

> **Tengo la certeza de que el deseo que estoy formulando está totalmente alineado con la voluntad del universo, y que es la forma más elevada e idónea para traer amor y prosperidad al mundo. Mediante el deseo que estoy formulando, pongo la intención en que mi amor y poder se extiendan rápidamente a todos los seres del planeta.**
>
> Pongo la intención en apuntarme al mismo gimnasio que Fumito para tener ocasión de hablar con él más a menudo, conquistarle y al mismo tiempo mejorar mi forma física.
>
> Pongo la intención en forjar una relación sincera con Fumito y prestarle constante apoyo en su vida.

Tanto *sincera* como *apoyo* son palabras clave de Virgo. Además, perder peso y eliminar el exceso de grasa son temas característicos de la luna nueva en Virgo. Cuando expresas tu deseo, de forma que se vincule al campo de dominio del signo zodiacal, la posibilidad de que se materialice aumenta exponencialmente.

Visualizar para acelerar el proceso

Hubo una cosa más que le pedí a Wakako que hiciera.

Cuando escribas un deseo consciente, te animo encarecidamente a que lo combines con la visualización. Mientras que un deseo consciente es una herramienta para realizar una petición al universo por medio de palabras, la visualización lo transmite por medio de la imaginería. Si fueras a una peluquería y dijeras: «Por favor, córtame las puntas por detrás y a capas por los lados», seguramente te pedirían que les enseñaras una foto del peinado. Esto ocurre porque el hecho de acompañar las palabras con imágenes aclara realmente las cosas; ayuda al peluquero a satisfacer tu petición. Lo mismo sucede con el universo. Cuando incorporas la visualización a tu deseo consciente, el universo tiene la capacidad de materializarlo con mayor rapidez y precisión.

Precisamente por eso el hecho de visualizar mientras escribes tus deseos acelera el proceso de su materialización. Incluso tratándose de un deseo bastante inalcanzable, no es inusual que se cumpla en apenas unos días.

Al sugerirle esto a Wakako, ella repuso: «Se me da fatal visualizar». Así que, en vez de eso, le pedí que recortara fotos de revistas. Utilizar imágenes de revistas y de internet puede dar resultado incluso a quienes no se les da bien visualizar mentalmente.

Pedí a Wakako que escribiese su deseo consciente en una hoja de un cuaderno, y que en la cara opuesta creara un *colla-*

ge de imágenes inspiradoras que representaran el tipo de relación a la que aspiraba con Fumito. Y a continuación le pedí que lo revisara cuando Mercurio se encontrase en movimiento retrógrado (para información acerca de esto, ver página 249). Con estos sencillos pasos, el efecto que surten las palabras e imágenes aumenta con creces la probabilidad de que el deseo se materialice. Es como si los elementos visuales insuflaran vida al deseo consciente.

¡Los deseos conscientes del signo lunar personal tienen un poder asombroso!

Así pues, Wakako probó suerte con su primer deseo consciente. ¿Qué ocurrió después?

Al cabo de cuatro meses, un compañero de clase de Fumito comenzó a trabajar en el departamento de Wakako, lo cual enseguida propició el acercamiento entre Fumito y Wakako. Empezaron a salir juntos, y actualmente están pensando en casarse. Según Wakako: «Todo gracias al método del deseo consciente. En serio».

Hasta pasado un tiempo no descubrí que el signo lunar de Wakako es Virgo, lo cual significa que su deseo consciente, el que formuló con la luna nueva en Virgo, era el deseo consciente de su signo lunar personal. ¿Cómo no iba a cumplirse? (Para más información sobre deseos conscientes del signo lunar personal, ver la segunda parte de este libro).

Ahí lo tienes. ¿Te has hecho una idea de lo que es el método del deseo consciente según Keiko? A continuación, lo explico en profundidad.

Cómo escribir un deseo consciente

Regla 1 del deseo consciente

Escribe tus deseos como propósitos con luna nueva; escríbelos como enunciados de gratitud con luna llena.

La luna nueva y la luna llena forman un tándem
El principio fundamental del método del deseo consciente es utilizar la energía tanto de la luna nueva como de la luna llena. Da la impresión de que muchas personas que habitualmente formulan deseos con luna nueva los piden y se olvidan: en realidad eso es dejar la tarea a medias y, ni que decir tiene, ¡un tremendo desperdicio! La luna llena posee el mismo poder que la luna nueva, si no más.

Cuando hay luna nueva o luna llena, se abre un canal de comunicación de alta calidad entre la Tierra y el universo. Es como si la señal wifi del universo envolviese la Tierra. Como hay señal en todas partes, tu deseo se transmite a la Luna de forma rápida y clara. Si dicha oportunidad ideal se brinda periódicamente dos veces al mes, ¿no te parece una lástima aprovechar solamente una?

La luna nueva y la luna llena siempre han formado una dualidad natural. Aunque hay excepciones, según el ciclo básico de crecimiento de la naturaleza, las semillas plantadas con luna nueva dan fruto con luna llena, y luego, en la siguiente luna nueva, las semillas diseminadas prenden y vuelven a dar fruto con luna llena.

Lo mismo sucede con los deseos. Si formulas un deseo con luna nueva y te desentiendes, descuidas la semilla que plantaste. Los brotes que podrían haber germinado no nacerán. Si dedicas tiempo a plantar semillas, también has de regarlas. Practicar la gratitud con luna llena es igual que regar las semillas.

Ten presente, no obstante, que con luna llena no es el momento de formular un deseo, sino el momento de dar gracias por lo recibido, incluso sin haberlo recibido todavía. La ceremonia japonesa de observación de la Luna en otoño se celebra con luna llena para expresar agradecimiento por una abundante cosecha. La práctica del agradecimiento durante la luna llena es una tradición arraigada.

La luna llena es un momento para la gratitud

Tal vez estés pensando: «¿Cómo voy a dar gracias si ninguno de mis deseos se ha cumplido?». Si ese es el caso, necesitas cambiar de perspectiva. Lo importante aquí no es que tus deseos se hayan cumplido o no. Primero, muestra gratitud por lo que tienes ahora. La clave es agradecer al universo de antemano, porque se dispone a concederte el deseo. No le das las gracias porque tus deseos se hayan hecho realidad; tus deseos se han hecho realidad *porque* has dado las gracias. ¡La gratitud va primero!

Si quieres agua, tiendes un vaso. Si quieres algo, primero has de ofrecer algo.

La gratitud es expresar el amor y los sentimientos desde el fondo de tu corazón. Es sinónimo de dar amor. Cuando expresas gratitud, el universo te ofrece amor a cambio: eso es lo que ocurre cuando tus deseos se hacen realidad.

El equilibrio entre la luna nueva y la luna llena propicia que el sueño se cumpla

Quiero esto, quiero lo otro, quiero hacer esto, quiero ser lo otro... No hay límites en lo tocante a los anhelos del ser humano. Es maravilloso albergar esperanzas y sueños, pues dan sentido a nuestra vida, pero si te limitas a pedir lo que quieres una y otra vez, ¿no te da la sensación de que algo se te escapa?

La clave para la materialización de los deseos es el *equilibrio*. Cuesta darse cuenta de esto, pero el equilibrio es crucial, pues la fuerza motora del mundo entero es el equilibrio entre el yin y el yang.

Existen la Luna y el Sol, y existen la noche y el día. El hombre y la mujer, delante y detrás, derecha e izquierda, invierno y verano... Lo que rige este mundo es el equilibrio de polos opuestos. Si solo existiese la Luna o la noche, sería imposible que existiese la propia Tierra, y por supuesto nosotros tampoco podríamos sobrevivir. Para que algo suceda hace falta tanto el yin como el yang.

Lo mismo ocurre con los deseos. Si te limitas a pedir lo que quieres, no hay equilibrio. Si no hay equilibrio, las cosas no pueden ocurrir; es decir, tu deseo no puede hacerse realidad.

Si quieres que tus deseos se cumplan, tienes que añadir el poder de lo opuesto. Así es como funciona la gratitud. De modo que formulas un deseo con luna nueva y expresas gratitud con luna llena: esa es la dinámica. Es tan natural como inhalar y exhalar.

Regla 2 del deseo consciente

Consulta el «campo de dominio» de cada signo del Zodíaco en el que se encuentra la luna nueva o la luna llena.

El ciclo de la luna nueva y de la luna llena a través de los doce signos del Zodíaco

¿Sabías que la luna nueva y la luna llena coinciden con un signo del Zodíaco cada mes? Por ejemplo, la luna nueva podría estar en Leo en agosto, en Virgo en septiembre, en Libra en octubre, y así sucesivamente. Lo mismo ocurre con la luna llena. Ambas transitan por los doce signos en el transcurso de un año completo.

Esto significa que, con cada luna nueva y cada luna llena, la energía es distinta.

Si te cuesta asimilar la idea de las diferencias energéticas, plantéatelo como diferencias en campos de dominio. Cáncer es propicio para la familia y los asuntos domésticos; Capricornio, para el trabajo y la carrera profesional. La salud física es el punto fuerte de Virgo, y las relaciones amorosas y el matrimonio pertenecen al ámbito de Libra. En el caso de los doce signos del Zodíaco, la división de los campos de dominio está bastante definida, de modo que un principio fundamental del método del deseo consciente es escribir tus deseos y frases de agradecimiento en función de cada uno.

Por ejemplo, supongamos que aspiras a que te asciendan al puesto de encargado de tienda. Aunque no pasa nada por formular ese deseo cuando la luna nueva está en Cáncer, hay otros signos idóneos para este tipo de deseos; concretamente, Capricornio, Leo y Aries. Por lo tanto, es importante que vuelvas a formular el mismo deseo cuando la luna nueva o la luna llena transiten por estos signos. (¡Aunque es muy probable que tu deseo se cumpla la primera vez que lo formules!). ¿Acaso acudirías a un otorrino cuando te duele el estómago? ¿No sería mejor ir a un especialista en digestivo? Tienes que acudir al experto en la materia. Lo mismo ocurre con los deseos.

Si se trata de un deseo que no te quita el sueño —algo que simplemente te agradaría que sucediese algún día—, no es necesario que le des tanta importancia a los signos. Pero si de veras anhelas que se cumpla, debes expresar tu deseo de un modo acorde al campo de dominio de cada signo. Has de recurrir al experto en la materia.

Los signos con los que coinciden la luna nueva y la luna llena reflejan el ámbito de la vida sobre el que la energía del universo se focaliza en ese momento. El universo vuelca todos sus recursos en ese terreno en concreto, de modo que si pides un deseo y expresas una gratitud acorde, la materialización del deseo es fácil. Una vez que tu voluntad esté alineada con la voluntad del universo, deja de ser tu deseo personal para formar parte de la voluntad del universo. Llegados a este punto, no hay necesidad de que te apures.

Plantar semillas en doce campos

Habrá quien se esté preguntando: «¿Significa esto que, si quiero casarme, puedo formular un deseo únicamente cuando la Luna esté en Libra [que gobierna el matrimonio]? ¿Solo una vez al año?».

Tranquilo, puedes escribir cualquier deseo en cualquier momento. Lo único que tienes que hacer es cambiar el enunciado en función del signo. Por ejemplo, imaginemos que quieres casarte. Cuando la luna nueva se encuentre en Aries, propicio para los comienzos, puedes pedir «el comienzo de una nueva relación que conduzca al matrimonio». Cuando la luna nueva esté en Tauro, propicio para la estabilidad financiera, tienes la alternativa de pedir «conocer a una persona de posibles para casarme».

Si anhelas «una persona con quien mantener conversaciones amenas», es conveniente que lo pidas al mes siguiente, cuando la luna nueva se encuentre en Géminis, propicio para la comunicación.

El mero hecho de que cada signo posea su propio campo de dominio no implica que los deseos pertenecientes a otros ámbitos sean irrealizables cuando la Luna se encuentre en ese signo. Basta con expresar el deseo de tal manera que se vincule al campo de dominio.

Puedes plantear el mismo deseo desde doce ángulos diferentes. Hacerlo así viene a ser como plantar semillas en doce campos distintos. Por si acaso, planta semillas en todos, desde el campo de Aries al de Piscis. Deja que el universo decida en qué campo germinan las semillas.

Ella convirtió el deseo en un deseo consciente ¡y apareció su alma gemela!

Deja que te cuente la historia de mi amiga Yoshimi. Por aquel entonces, ella estaba divorciada y deseaba casarse con su media naranja al año siguiente. Llevaba más de un año formulando el mismo deseo, desde el instante en que una amiga le había comentado que los deseos de luna nueva se hacen realidad. «¿Cómo es posible que no se cumpla mi deseo, con el empeño que estoy poniendo al escribirlo?», se preguntaba. En el transcurso de un año, la luna nueva transita por los doce signos del Zodíaco, es decir, que aun cuando el deseo no se hubiera materializado del todo, debería haberse producido cierto cambio o avance. (Por ejemplo, conocer a su posible media naranja).

Y sin embargo, Yoshimi no había experimentado ninguno, lo cual me hizo sospechar que quizá la raíz del problema fuese su manera de expresar el deseo. Así que le pregunté cómo solía escribirlo. Esta fue su respuesta:

YOSHIMI: ¿Que cómo? Pues voy al grano: «Que encuentre a mi media naranja lo antes posible».

KEIKO: Pero ¿no has dicho que llevas escribiéndolo más de un año?

YOSHIMI: Efectivamente. Un momento, puede que incluso más. Más o menos un año y medio.

KEIKO: Entonces lo habrás escrito de manera diferente alguna que otra vez, ¿no?

YOSHIMI: No.

KEIKO: ¿Qué? O sea, ¿escribes exactamente lo mismo en cada ocasión?

YOSHIMI: Pues sí.

KEIKO: ...

Entiendo que quieras conocer a tu media naranja lo antes posible, claro. Pero tengo mis dudas en lo que respecta a escribir la misma frase manida hasta la saciedad. Imagina a un comercial que trata de venderte lo mismo en diez o veinte ocasiones. ¿No estarías hasta la coronilla de él? ¿A que ni siquiera le dejarías abrir la boca? Pero ¿y si te ofreciera otra cosa? Si fuera algo diferente, es probable que estuvieras dispuesto a echar un vistazo. Quizá hasta se tratase de lo que en realidad buscas.

Lo mismo ocurre con el universo. Aunque no haya escuchado un determinado deseo, caben muchas posibilidades de que se te conceda si lo expresas de manera diferente. Es necesario que cambies el estilo al redactar tus deseos.

Por muchas ganas que tengas de conocer a tu media naranja, si te limitas a escribir: «Que encuentre a mi media naranja lo antes posible», hasta el universo se hartará de ti. Tiene todo el derecho a pensar: «¿Otra vez con esto?».

Le di a Yoshimi dos consejos. Primero, que expresase una gratitud sincera con luna llena además de pedir el deseo con luna nueva. Y segundo, que cambiase el enunciado de su deseo teniendo en cuenta el campo de dominio del signo vigente. Por ejemplo, como a Leo se le dan fenomenal las fiestas, le sugerí que cuando la Luna se encontrase en Leo añadiese detalles como «en una barbacoa» o «en un banquete de bodas». Como al mes siguiente Virgo gobierna los entornos laborales, le propuse que incluyese detalles relacionados con el trabajo, como «cuando vaya a la oficina del cliente X» o «en mi nuevo equipo de trabajo».

Cuando le expliqué esto, Yoshimi asintió y dijo: «Vale. Creo que empiezo a pillarlo». A partir de la siguiente luna llena, comenzó a tomarse en serio los deseos conscientes. Al cabo de un año más o menos, alrededor de Año Nuevo, fue a visitar a un amigo a Estados Unidos. El amigo organizó una fiesta en la que, mira por dónde, ¡Yoshimi conoció a su media naranja! Poco después se casaron y ahora viven juntos en el estado de Washington.

Yoshimi me dijo que, seis meses antes del encuentro, coincidiendo con la luna llena en Sagitario, escribió:

«¡Mi alma gemela y yo hemos decidido casarnos en una iglesia de San Francisco con vistas al océano! Ahora vamos a ir a elegir mi vestido de novia. ¡Jamás pensé que podría ser tan feliz! ¡Muchas gracias!».

El campo de dominio de Sagitario es el extranjero. Por si fuera poco, uno de los emplazamientos que gobierna es la iglesia. Este es un magnífico ejemplo de que el hecho de formular un deseo en función del signo lunar genera resultados evidentes.

La visualización acelera la materialización

Hay infinidad de formas en las que tu deseo podría hacerse realidad. Imaginemos un encuentro con tu media naranja, por ejemplo. Podrías conocerla en el transcurso de un viaje, como en el caso de Yoshimi, o durante una estancia en un hospital. Conozco un caso en el que la persona responsable de una entrevista de trabajo resultó ser la media naranja de alguien.

En cuanto al cómo, sencillamente tenemos que dejarlo en manos del universo. No obstante, hay cosas que están en nuestra mano. Una de ellas es visualizar todo tipo de posibilidades y situaciones en las que tu deseo podría materializarse.

Da rienda suelta a tu imaginación en función del signo con el que coincida la luna nueva o la luna llena: «¿A que sería maravilloso que se hiciera realidad de esta manera? ¡Sería una pasada que se hiciera realidad de esta manera! También cabe la posibilidad de que se haga realidad de esta otra manera...», y así sucesivamente. Una vez que afines tu capacidad de visualización en este proceso y permitas que tu subconsciente asocie todas las escenas imaginadas con tu deseo, ¡nada podrá pararte! Cualquier iniciativa que tomes a partir de aquí allana el terreno sobre el que tu deseo se materializará. Desarrollar el subconsciente de este modo te ayuda a convertirte en un potente y maravilloso imán para la materialización del deseo.

Si tienes tus dudas en cuanto a tu capacidad de visualización, puedes usar un *collage* de Luna (ver página 254 y siguientes).

Regla 3 del deseo consciente

Utiliza frases de anclaje y anclajes.

Enciende el wifi del universo con frases de anclaje
Las frases de anclaje constituyen la esencia del método del deseo consciente por excelencia según Keiko. Es importante que entiendas esto.

Una de las razones por las que es posible que un deseo que escribiste no se cumpliera es tu falta de conexión con el universo. Formular un deseo sin estar conectado con el universo viene a ser como hablar para tus adentros. Es como si estuvieras de cháchara por teléfono cuando no hay nadie al otro lado de la línea; es decir, no se trata de una conversación a dos bandas. ¿No te parece un sinsentido? Para salvar este obstáculo, asegúrate de usar frases de anclaje al pedir un deseo consciente.

Las frases de anclaje son las palabras mágicas que te conectan con el universo. Cuando escribes estas frases, puedes establecer una buena conexión con el universo. Plantéatelo como encender el wifi del universo.

Hay dos tipos de frases de anclaje: unas para la luna nueva y otras para la luna llena.

FRASES DE ANCLAJE DE LUNA NUEVA
Escribe al principio de tu deseo consciente de luna nueva:

Tengo la certeza de que el deseo que estoy formulando está totalmente alineado con la voluntad del universo, y que es la forma más elevada e idónea para traer amor y prosperidad al mundo. Mediante el deseo que estoy formulando, pongo la intención en que mi amor y poder se extiendan rápidamente a todos los seres del planeta.

FRASES DE ANCLAJE DE LUNA LLENA
Escribe al principio de tu deseo consciente de luna llena:

Agradezco que mi deseo se haya cumplido de la forma más rápida posible según los designios del universo. Prometo compartir esta felicidad con el mundo con todos los medios que tenga a mi alcance. Agradezco que el amor y la luz del universo me acompañen en todo momento.

Estos son los enunciados de apertura que me gustaría que escribieses al principio de cada deseo consciente. Son similares al saludo en las cartas, pero a diferencia de los saludos, que son meras fórmulas de cortesía, las frases de anclaje tienen un claro propósito: encender el wifi del universo y conectarte a él.

Las frases de anclaje ya poseen de por sí la vibración más elevada. Puedes copiarlas y utilizarlas tal cual están redactadas. Si las pronuncias en voz alta mientras las escribes, mejor todavía. Con solo escribirlas es suficiente, pero si a estas frases les sumas la vibración del sonido se transmiten al universo con mayor rapidez, si cabe.

Utiliza anclajes para hacer una presentación al universo
Si las frases de anclaje son el enunciado de un deseo consciente, los anclajes son el cierre. Al comenzar y terminar con palabras que vibran con el universo, sin lugar a dudas transformas tu deseo en un deseo consciente.

Al igual que en el caso de las frases de anclaje, existen diferentes anclajes en función de la luna nueva o la luna llena. Permíteme que te los explique por separado.

Anclajes de luna nueva: «Pongo la intención en» o «Pongo la intención en que»

Una luna nueva es un estado en el que la Luna (los sentimientos, las emociones) y el Sol (la voluntad, la intención) se encuentran en perfecta conjunción. Esto quiere decir que una luna nueva brinda la ocasión de alinear tus sentimientos con tus intenciones, es decir, para tomar una determinación.

Al verbalizar tu firme propósito y convertirlo en vibración, permites al universo recibirlo y crear una realidad en consonancia. Este es el mecanismo de la materialización.

Locuciones como «Ojalá» y «Deseo que» no son apropiadas para expresar tu determinación. ¿A que no transmiten resolución ni afirmación? Yo tampoco utilizaría el pasado aquí. Recuerda: el ciclo del universo consiste en sembrar las semillas con luna nueva y recoger la cosecha con luna llena, así que solamente tiene sentido utilizar el pasado en el caso de la luna llena. Si utilizas el pasado con la luna nueva, el universo dirá sin más: «Ah, ya veo que tu deseo se ha hecho realidad», y lo ignorará.

Un deseo consciente de luna nueva es una declaración al universo. Estarás dando palos de ciego si no empleas locuciones que transmitan determinación.

Entre las locuciones que expresan determinación, «Pongo la intención en» es la más poderosa. Por experiencia, he constatado que cuando escribo «Pongo la intención en» el deseo se manifiesta de una manera rápida y efectiva. Deja que lo ilustre con unos ejemplos para ayudarte a entenderlo con claridad.

EJEMPLOS DE DESEOS CONSCIENTES DE LUNA NUEVA

«<u>Pongo la intención en</u> forjar una sólida relación de confianza con Takehito y apoyarle mientras compartimos nuestras vidas».

«<u>Pongo la intención en</u> conocer a mi media naranja para convertirme en mejor persona y juntos crear una familia feliz y alegre».

«<u>Pongo la intención en</u> perder dos kilos para la audición de septiembre».

«<u>Pongo la intención en</u> priorizar por encima de todo mis propias necesidades y vivir la vida que deseo a partir de hoy».

«<u>Pongo la intención en</u> dejar mi trabajo y establecerme por cuenta propia antes de finales de año».

Todos ellos son deseos conscientes que hemos escrito anteriormente mis amigos o yo. Todos y cada uno de ellos se han hecho realidad.

«Pongo la intención en» y «Pongo la intención en que» son dos de las locuciones predilectas del universo. ¡Si quieres granjearte el favor del universo, no puedes prescindir de ellas bajo ningún concepto! Constituyen los anclajes más poderosos para la luna nueva.

Un deseo de luna nueva es una presentación al universo. Y, con un deseo consciente de luna nueva, realizas una presentación extraordinaria que te hará merecedor del favor del universo.

Una luna nueva brinda la oportunidad ideal para que todo el mundo manifieste sus deseos. Dicho esto, si aspiras a conseguir resultados fehacientes, es preciso que pongas empeño.

Si te limitas a elaborar una lista interminable de lo que esperas que suceda, al universo le pasará inadvertido. Tienes que llamar la atención. ¡Tienes que expresar tu deseo de tal manera que realmente deslumbre y cautive al universo! Si lo haces así, con suerte el universo pensará: «Vaya, pues sí que tiene motivación», o: «Sería beneficioso concederle el deseo». Y, en ese caso, enhorabuena. ¡seguro que te colocas en su lista de favoritos! Efectivamente, un deseo consciente es la mejor herramienta para colocarte en la lista de favoritos del universo.

Anclajes de luna llena: un sentimiento o circunstancia feliz + «Muchas gracias»

La gratitud es cosa de la luna llena
Un plenilunio es una ocasión para expresar agradecimiento. Simboliza la cosecha y la culminación. Por lo tanto, pedir al

universo un deseo cuando hay luna llena es como plantar semillas en invierno: va a contracorriente del flujo del universo.

Dicho esto, no es cuestión de que no puedas escribir tu deseo con luna llena; simplemente has de redactarlo de una manera acorde.

Una luna llena es, literalmente, una luna que está *llena*. Su energía transmite un sentimiento de plenitud, como «Gracias por una abundante cosecha» o «Estoy muy feliz de que mi deseo se haya cumplido». Lo único que has de hacer es escribir tu deseo en consonancia. Puedes formular el mismo deseo que pediste con luna nueva; simplemente cambia el estilo para adaptarlo a la versión de la luna llena. De ese modo, tienes la posibilidad de escribir tantos deseos como te plazca.

Tomemos los deseos conscientes de luna nueva de la página 50 a modo ilustrativo. Si te dispusieras a reescribirlos para la luna llena, serían algo así:

EJEMPLOS DE DESEOS CONSCIENTES DE LUNA LLENA

Versión 1: dar gracias por lo que te gustaría que se materializara

«Estoy forjando una sólida relación de confianza con Takehito y apoyándole mientras compartimos nuestras vidas. <u>Ahora soy plenamente feliz. Muchas gracias</u>».

«Pude conocer a mi media naranja, que me ha convertido en mejor persona, y somos una familia feliz y alegre. El amor colma nuestro día a día. <u>Es como un sueño. Muchas gracias</u>».

«Conseguí perder 2 kilos para la audición de septiembre. <u>¡Voy a comerme el mundo! Muchas gracias</u>».

«Ahora llevo la vida que quiero priorizando, por encima de todo, mis propias necesidades. Como resultado de ello, <u>¡cada día me siento muy motivado y realizado! Muchas gracias</u>».

«Dejé mi trabajo y me establecí por cuenta propia. Estoy recibiendo un aluvión de proyectos. <u>¡Podría gritar de felicidad! Muchas gracias</u>».

¿Ves cómo los deseos son los mismos, pero expresados de forma diferente? El principio fundamental de un deseo consciente de luna llena es escribirlo como si ya se hubiese hecho realidad (puedes utilizar el pasado o el presente). Sea o no el caso, es importante dar gracias al universo dando por sentado que el deseo ya te ha sido concedido.

Por otro lado, es importante incluir al menos un sentimiento feliz o una frase positiva, como «Me siento bendecido», «Es como un sueño», o incluso expresiones como «¡Qué feliz soy!», «¡Increíble!» o «¡Viva!». En este sentido no hay reglas fijas, así que adelante, escribe lo que te gustaría sentir o experimentar cuando el deseo se cumpla.

Si no atinas con las palabras adecuadas, puedes escribir: «¡Todo me sale redondo!».

Imaginar de antemano la sensación que se experimentaría al materializarse el deseo constituye una de las técnicas más eficaces para formular un deseo consciente de luna llena.

Dar por sentado que el deseo ya se ha cumplido hace que se materialice
En lo que respecta a los deseos conscientes de luna llena, el que se hayan cumplido o no carece de importancia. La clave es visualizar la materialización del deseo, sentir en lo más hondo la felicidad que aporta y mostrar gratitud al universo de antemano.

Lo cierto es que los deseos a menudo se hacen realidad cuando sientes que ya se han cumplido. Puede producirse cierto desfase de tiempo, pero eso es lo de menos. «Tarde o temprano se cumplirá, así que, ¿por qué no doy gracias al universo de antemano?» es un ejemplo de la actitud que tiene más posibilidades de materializar el deseo. Todo aquel de mi círculo de amistades que manifiesta un deseo tras otro, incluida yo misma, mantiene esta actitud de «Paciencia, tarde o temprano se hará realidad».

En cualquier caso, nunca se peca por dar las gracias en exceso. Incluso prescindiendo de la petición, solo con acostumbrarte a expresar tu gratitud con luna llena seguramente tu suerte mejorará y te aportará una gran felicidad.

Tendemos a centrarnos en la falta de cosas. No tengo esto, no tengo lo otro, otras personas lo tienen y yo no, etc. Nos centramos tanto en nuestras carencias que a menudo no reparamos en que en realidad ya se nos ha dado muchísimo.

La clave de la manifestación de los deseos no es pedir lo que no tienes, sino estar agradecido por lo que tienes. Valorar la felicidad de tus padres, de tus antepasados y de todo aquel de tu entorno que ha contribuido a esa felicidad. Y por último, pero no menos importante, no te olvides de dar gracias al universo.

Muestra tu agradecimiento por la sincronía y la serendipia
A la hora de escribir un deseo consciente de luna llena, también es magnífico anotar algún acontecimiento reciente que te haya hecho feliz. Por ejemplo:

EJEMPLOS DE DESEOS CONSCIENTES DE LUNA LLENA

Versión 2: dar gracias por los momentos felices

«Me regalaron una entrada para ir a una obra de teatro que tenía muchas ganas de ver. ¡Qué suerte! ¡Muchas gracias!».

«Justo cuando tenía antojo de bambas de crema, el señor Yamazaki nos trajo una caja entera. ¡Todo fue cosa de la ley de la atracción! ¡Muchas gracias, señor Yamazaki!».

«Precisamente cuando necesitaba un taxi, uno paró delante de mí para dejar a alguien. ¡Fue un milagro no tener que esperar ni un segundo a un taxi cuando estaba lloviendo! ¡Muchas gracias!».

«Paré en la floristería durante la pausa para el almuerzo, y había tal cantidad de lirios de Casablanca... ¡mis favoritos! Disfruté de un momento de dicha con el envolvente aroma dulzón. Muchas gracias».

Así pues, te recomiendo que no solo escribas las pequeñas coincidencias, sino también todos aquellos casos en los que pensaste: «¡Qué suerte la mía!», «Dios mío, qué feliz soy», «Guau, soy increíble» y cosas por el estilo. En este sentido, no tienes por qué preocuparte por los ámbitos de los doce signos del Zodíaco. Sea cual sea, lo importante es recordar que sucedió y que te hizo feliz. De este modo, te alinearás con la energía de la luna llena de manera natural. Y no olvides la frase de cierre: «Muchas gracias».

La vibración de la gratitud es la misma que la del amor. Cuanto más des las gracias, más amor albergarás en tu interior.

Una vez que estés completamente colmado de amor, comenzarás a emitir una vibración sumamente alta, y al final te encontrarás en la misma sintonía que el universo, el cual también posee una alta vibración. Solo entonces podrás convertirte en una presencia reconocible para el universo.

Una vez que el universo te reconozca como un ser de alta vibración, tu buena suerte está casi garantizada. Te será concedido prácticamente cualquier tipo de deseo que pidas. Al fin y al cabo, tu nombre ha pasado a engrosar la lista de favoritos del universo.

La luna llena también es un momento propicio para escribir cualquier cosa que quieras dejar ir

Hay algo más que puedes escribir con luna llena y que puede generar resultados increíbles: cualquier cosa de la que quieras liberarte. Dicho de otro modo, durante una luna llena no solo es posible formular deseos conscientes, sino también deseos liberadores.

Cuando la Luna entra gradualmente en fase menguante tras un plenilunio, está literalmente liberando —o soltando— la energía de este. Esta liberación de energía es de gran utilidad.

Acaparar se nos da de miedo, pero cuando se trata de soltar, no tanto. Si bajamos la guardia, es fácil que ganemos peso o exceso de grasa. ¿Te has dado cuenta de la cantidad de personas que siguen aferradas a traumas, al desamor, a los celos o a resentimientos del pasado? ¿O tal vez tienes un hábito dañino al que eres incapaz de renunciar por más que lo intentes?

Resulta difícil desprenderse de cosas una vez que las hemos interiorizado, sean emociones o hábitos. Creo que es un tremendo reto erradicarlos únicamente a fuerza de voluntad. Pero cuando contamos con el apoyo y el poder de una luna llena, superamos las dificultades; podemos desprendernos de ellas de manera bastante natural.

Lo único que tienes que hacer es aprovechar el tirón del «modo liberación»

Mira, durante una luna llena, la totalidad del universo se encuentra en «modo liberación», así que a nosotros nos basta con aprovechar ese tirón. Podemos convertirnos en una rémora para el tiburón del universo. Basta con dejarse llevar por la corriente.

Dicho esto, deberíamos guiarnos por el signo zodiacal en que se encuentra la luna llena. Como he explicado anteriormente, cada uno de los doce signos posee un campo de dominio específico. De hecho, cada uno de ellos también está ligado a ciertas emociones y cualidades. Por ejemplo, Aries se asocia a la ira, la frustración y la impaciencia; Tauro, a la terquedad, el apego y la lentitud; Virgo, a la susceptibilidad, la ansiedad y la crítica, etcétera.

Por lo tanto, si te cuesta romper ataduras con alguien, escribe algo así cuando la luna llena esté en Tauro: «Mi apego a Alex ha desaparecido de manera natural». Si quieres dejar de calentarte la cabeza por tonterías, cuando la luna llena esté en Virgo escribe algo similar a: «Ya no me caliento la cabeza por tonterías».

Una luna llena es un momento propicio para el agradecimiento y la liberación. En cuanto a listas concretas de lo que es posible soltar, consulta las páginas específicas del signo zodiacal correspondiente en la segunda parte del libro.

Regla 4 del deseo consciente

Incluye palabras poderosas (palabras que conectan fácilmente con el universo).

Llama la atención del universo con palabras de alta vibración
El secreto del deseo consciente es utilizar frases de anclaje y anclajes. La razón de que sean necesarios es su poder y alta vibración, es decir, que automáticamente te conectan con el universo.

Las palabras de alta vibración son como los sonidos de una potente campana. Cuanto más alta es la vibración de las palabras que empleas, más resuena la campana, y más rápidamente te conectas al universo. El universo se percata de tu presencia enseguida.

Por el contrario, independientemente de las ganas que pongas al escribir, si eliges palabras de baja vibración, el universo no reparará en ti, pues el sonido es demasiado tenue. Considera las palabras de alta vibración como herramientas que te ayudan a llamar la atención del universo.

Curiosamente, las personas con baja vibración no pueden utilizar palabras de alta vibración. No se trata de que *no* las utilicen; es que no pueden. Por ejemplo, prácticamente nunca escriben o pronuncian la palabra *amor*. Por otro lado, les incomodan las palabras de alta vibración como *gratitud* y *confianza*. Con «personas con baja vibración» me refiero a quienes viven estancados en la rabia, el odio, la envidia, el apego, las penas y otros pensamientos, emociones y patrones de comportamiento negativos. Según los dictados de la ley de la atracción universal, las cosas que comparten la misma vibración se atraen entre sí, de modo que a las personas con baja vibración les resultan más familiares las palabras de baja vibración: se sienten cómodas con ellas. Dicho de otro modo, tu propia vibración siempre guarda relación con la vibración de las palabras que utilizas.

Dicho esto, es perfectamente posible sacar provecho de este principio. Del mismo modo que las personas que no gozan de buena salud pueden mejorar, por ejemplo, consumiendo alimentos de calidad, tú puedes elevar tu vibración mediante el uso de palabras de alta vibración. Esto es lo fascinante de las vibraciones.

De hecho, basta con usar frases de anclaje y anclajes para elevar tu vibración de manera natural en cada luna nueva y luna llena. Cada vez que escribes tus deseos conscientes aumentan las probabilidades de que se cumplan, pues tu propia vibración aumenta al mismo tiempo, lo cual potencia tu magnetismo hacia el universo.

Las frases de anclaje en particular no solo poseen una vibración increíblemente alta, sino que también constituyen las palabras mágicas para conectarte al universo. Pronunciarlas en voz alta a diario como un conjuro mágico elevará tu vibración y aumentará las probabilidades de que tus deseos se hagan realidad.

Formular un deseo consciente es el proceso de alinear tu vibración con el universo

El mundo consta de vibraciones. Tanto los pensamientos como la conciencia y las emociones son vibraciones. Y cada uno de ellos posee una vibración propia que atrae cosas de la misma dimensión.

La televisión y la radio funcionan del mismo modo. Si al encender la televisión está sintonizado un canal de deportes, verás deportes. De manera similar, si te dispusieses a sintonizar tu canal de conciencia con la «gratitud», te conduciría a información, personas y situaciones con una vibración acorde. Si sintonizas el canal con la «ira», te conducirá a cosas que se corresponden con esa vibración. Como dice la ley del universo, lo semejante atrae a lo semejante.

Las cosas con la misma vibración se atraen entre sí.

El método del deseo consciente según Keiko aplica este principio a la escritura. Mediante la incorporación de palabras de alta vibración, como expresiones de gratitud y amor, el método del deseo consciente convierte la tarea de expresar un deseo por escrito en un recurso poderoso que alinea tu vibración con el universo. (En la página 66 figuran ejemplos de palabras poderosas de alta vibración).

Dado que las palabras poseen vibraciones patentes, cuantas más palabras de alta vibración utilices, más crecerá y se reforzará tu canal de conexión con el universo. Además, si las pronuncias en voz alta mientras las escribes, potencias el efecto con creces.

El sonido es vibración de aire. Junto con la visualización, constituye uno de los mejores medios para conectar con el universo. Las palabras de alta vibración poseen frecuencias especialmente elevadas y pueden llegar fácilmente al universo. Cuando pronuncias palabras de alta vibración en voz alta al mismo tiempo que las escribes, tu propia vibración se eleva cada vez más, hasta que te sitúas literalmente en la misma onda que el universo.

Por cierto, como principio básico, los deseos conscientes deberían escribirse a mano. Si usas un ordenador, la onda electromagnética bloquea la vibración de la Luna.

Regla 5 del deseo consciente

Termina de escribir en un margen de 10 horas desde la formación de la luna nueva o la luna llena.

Formular un deseo consciente es básicamente plantar las semillas de las oportunidades.

Una vez conocí a un jardinero experto en rosas que me dijo: «Si quieres que un rosal crezca esplendoroso, es crucial que plantes la semilla en la época adecuada». Lo mismo sucede con los deseos conscientes. Si quieres que tu deseo se haga realidad, tienes que programarlo de una manera eficaz.

La regla fundamental del método del deseo consciente es terminar de escribir tu deseo en un plazo de diez horas desde el instante exacto en que se produce la luna nueva o la luna llena. Si no es posible, puedes escribirlo en un plazo de veinticuatro horas.

Esta recomendación de diez horas se basa en mis años de experiencia con los deseos conscientes. Este es el margen de tiempo más efectivo que he constatado. Ten presente que el efecto disminuirá cuando lo escribas fuera de esta horquilla de diez horas. Dicho esto, como el deseo consciente no pierde totalmente su efecto, si todavía estás a tiempo de escribir el tuyo en un plazo de veinticuatro horas, merece la pena que lo hagas.

Por otro lado, me gustaría que tuvieses cuidado de no hacer una salida en falso. La vibración del universo se desestabiliza ligeramente justo antes de una luna nueva o luna llena. El propósito de un deseo consciente es anclar firmemente tu deseo al universo. Conviene que las condiciones sean lo más estables posibles antes de echar anclas, así que recomiendo escribirlo *después* de la hora exacta de la luna nueva o la luna llena.

Ejemplo 1

14 de diciembre de 2020: luna nueva en Sagitario

La hora exacta de la luna nueva es a las 16:17 (UTC+1). (Consulta la hora exacta de la luna nueva en keikopowerwish.com). Termina de escribir el deseo consciente antes de las 02:17 (UTC+1) del 15 de diciembre; si eso no fuera posible, entonces antes de las 16:17 (UTC+1) del 15 de diciembre.

Ejemplo 2

30 de diciembre de 2020: luna llena en Cáncer

La hora exacta de la luna llena es a las 03:28 (UTC+1). Termina de escribir el deseo consciente antes de las 13:28 (UTC+1) del 30 de diciembre; si eso no fuera posible, entonces antes de las 03:28 (UTC+1) del 31 de diciembre.

Regla 6 del deseo consciente

¡Puedes formular cuantos deseos quieras!

La gente a menudo me pregunta cuántos deseos es posible escribir en una sesión, y mi respuesta es: ¡Los que quieras!

El universo es extraordinariamente abierto y generoso. Nunca dice mezquindades como «Solo se te permiten diez deseos a la vez» o «No concedo deseos a personas avariciosas». Además, te garantizo que el número de deseos tampoco incide en la rapidez con la que se hacen realidad. Sean cinco, diez o cien, adelante, escribe cuantos se te antojen.

RESUMEN DE LAS REGLAS DEL DESEO CONSCIENTE

1. Escribe tus deseos como propósitos con luna nueva; escríbelos como frases de gratitud con luna llena.
2. Consulta el campo de dominio de cada signo del Zodíaco en el que se encuentra la luna nueva o la luna llena.
3. Utiliza frases de anclaje y anclajes.
4. Incluye palabras poderosas (palabras que conectan fácilmente con el universo; consulta la lista de palabras poderosas de la página 66).
5. Termina de escribirlo en un plazo de diez horas desde el momento en que se produzca la luna nueva o la luna llena; si eso no fuera posible, termina en un plazo de veinticuatro horas.
6. Puedes formular cuantos deseos te plazca o bien concentrarte en uno.

LISTA DE PALABRAS PODEROSAS

🗝 **Locuciones especiales:** gracias, me siento en gratitud, doy gracias a...

🗝 amor, esperanza, agradecimiento, felicidad, dicha, pasión, admiración, alegría, salud, súplica, confianza, valor, bueno, luz, sueño, ideal, armonía, paz, prosperidad, éxito, gloria, abundancia, alivio, culminación, milagro, poder

🗝 feliz, contento, divertido, emocionante, alegre, hermoso, maravilloso, amable, afortunado, como un sueño, luminoso, encantador, puro, perfecto, dichoso, supremo, sublime, radiante, impresionante, deslumbrante, brillante, cómodo, agradable, gratificante, rebosante, inspirador, magnífico, espléndido, increíble

🗝 en abundancia, a gusto, con libertad, nuevo, con todo el mundo, para todo el mundo, para la sociedad, para el planeta, con confianza, sinceramente, fielmente, en serio, de verdad, con valentía, amablemente, con una sonrisa, de manera original, como la seda, fácilmente, con desenvoltura, en un tris, sin dificultad, sin apuros, eficazmente, con soltura, con fluidez, con armonía, sin el menor esfuerzo, por voluntad propia, profundamente, sanamente, constantemente, deprisa, rápidamente, de repente, desinteresadamente, naturalmente, de manera natural, sin contratiempos, cuando menos te lo esperes

- conmoverse, perdonar, amar, creer, confiar, perfeccionar, purificar, dar, recompensar, compartir, aceptar, cuidar, atender, elevar, crecer, expandir, extender, avanzar, deleitarse, disfrutar, soltar, gozar, sentirse realizado, sentirse pleno, sentir alivio, estar bien, estar estable, alabar, elogiar, aplaudir

Nota: conviene prescindir de palabras o frases categóricas, como «absolutamente», «a toda costa», «pase lo que pase», «tener que», o «insistir», pues no resuenan con el universo.

Cómo escribir un deseo consciente para los demás

Muchos de mis lectores me preguntan cosas como «Si lo que deseo es el éxito de mi pareja en vez del mío, ¿debería escribir mi deseo de la misma manera?» o «Mi madre está enferma. ¿Cómo escribo un deseo consciente para que se recupere?».

Pongamos como ejemplo esta pregunta de Hinako:

«¿Con el deseo consciente podemos hacer peticiones para otra persona? Por ejemplo, quiero que mi hijo apruebe el examen de acceso al bachillerato, quiero que mi marido consiga un aumento de sueldo, etc. Y también quiero que mi madre se recupere de su enfermedad. Estoy segura de que hay mucha gente que se está preguntando lo mismo. ¡Te agradecería que me orientases!».

Por supuesto que es posible escribir un deseo para otra persona mediante el método del deseo consciente. Sin embargo, dudo que tu deseo se haga realidad si lo escribes así:

«Pongo la intención en que mi hijo consiga plaza en el instituto».

«Pongo la intención en que mi marido consiga un aumento de sueldo».

«Pongo la intención en que mi madre se sienta mejor».

Cuando escribas un deseo consciente para otra persona, asegúrate de incluir lo que tú puedes hacer por esa persona. Por ejemplo, si Hinako tuviese previsto formular sus deseos con luna nueva en Leo, podría escribir algo así:

Pongo la intención en crear las condiciones idóneas para que mi hijo Tatsuya estudie de manera provechosa para su examen de acceso y brindarle mi apoyo mental y emocional.

Pongo la intención en brindar el máximo apoyo posible a mi marido para que sus grandes esfuerzos se vean justamente recompensados y le propicien un ascenso y un aumento de sueldo.

Pongo la intención en comer con mi madre como mínimo una vez a la semana y mantener con ella conversaciones inspiradoras que la ayuden a recuperar la sonrisa.

¿Qué te parece? ¿Captas la idea? «¡Quiero que mi hijo hinque los codos para su examen de acceso!», «¡Quiero que consiga plaza en el instituto de su primera elección!»... Todos los padres pensarían eso. Entonces, ¿qué puedes hacer *tú* por él? ¿Cómo puedes apoyarle? Eso es lo importante.

Un deseo consciente es algo que manifiestas a través de ti mismo, al margen de que el deseo sea para ti o para otra persona. Si pretendes pedir un deseo por la felicidad de alguien o para cambiar sus circunstancias, primero has de cambiar tu forma de relacionarte con esa persona. Esa es una manera más certera y rápida.

Por lo tanto, en vez de «Pongo la intención en que Alex se enamore de mí», prueba con:

Pongo la intención en convertirme en una mujer preciosa que conquiste a Alex.

Pongo la intención en convertirme en una mujer atractiva a quien Alex ame con locura.

¿Ves? De nuevo, no lo olvides, independientemente de que el deseo sea para ti o para los demás, eres la única persona que puede materializarlo.

Segunda parte

Cómo aprovechar los campos de dominio de los doce signos del Zodíaco

Ejemplos de deseos conscientes de luna nueva y luna llena y directrices para cada signo

PARA TODOS LOS SIGNOS

FRASES DE ANCLAJE DE LUNA NUEVA
Las frases de anclaje son las palabras mágicas que te conectan con el universo. Escríbelas al principio de tu deseo consciente de luna nueva.

Tengo la certeza de que el deseo que estoy formulando está totalmente alineado con la voluntad del universo, y que es la forma más elevada e idónea para traer amor y prosperidad al mundo. Mediante el deseo que estoy formulando, pongo la intención en que mi amor y poder se extiendan rápidamente a todos los seres del planeta.

ANCLAJES DE LUNA NUEVA
Los anclajes son las palabras mágicas que transmiten tus deseos al universo. Úsalos en el cierre de tu deseo consciente de luna nueva.

Pongo la intención en... / Pongo la intención en que...

PARA TODOS LOS SIGNOS

FRASES DE ANCLAJE DE LUNA LLENA
Las frases de anclaje son las palabras mágicas que te conectan con el universo. Escríbelas al principio de tu deseo consciente de luna llena.

Agradezco que mi deseo se haya cumplido de la forma más rápida posible según los designios del universo. Prometo compartir esta felicidad con el mundo con todos los medios que tenga a mi alcance. Agradezco que el amor y la luz del universo me acompañen en todo momento.

ANCLAJES DE LUNA LLENA
Los anclajes son las palabras mágicas que transmiten tus deseos al universo. Úsalos en el cierre de tu deseo consciente de luna llena.

Un sentimiento o situación feliz + Muchas gracias

1

Luna nueva y luna llena en
ARIES

PONTE UN RETO Y HAZTE CON LA VICTORIA

Deseos conscientes de Aries

Emprende un nuevo rumbo con la luna nueva.

Vence el miedo y la renuencia con la luna llena.

Cuando tienes previsto ir a algún sitio en coche, primero lo arrancas, ¿no? Introduces una llave o pulsas un botón, enciendes el motor, metes la marcha y pisas el pedal del acelerador. Así funciona a grandes rasgos la energía de Aries.

Simplemente poniéndose en marcha, sin pensárselo dos veces. Creando movimiento. El papel de Aries es construir algo desde la nada y comprobar que se pone en marcha.

Cuando quieras montar un negocio, emprender un nuevo trabajo, entablar una relación con alguien, o empezar de cero en un ámbito nuevo, asegúrate de aprovechar los deseos conscientes de Aries. Una luna nueva o una luna llena en Aries también son beneficiosas cuando te encuentras al final de un ciclo y quieres pasar a una nueva fase.

Como sabes, Aries es el primero de los doce signos del Zodíaco: el primer bateador. Dado que el cometido del primer bateador es llegar a la base, la fuerza de propulsión de Aries es insuperable. ¡Y también la velocidad! Cualquier deseo que formules con luna nueva o luna llena en Aries se materializa con mayor rapidez que en el caso de cualquier otro signo. Cuando quieras que un proyecto o una idea cobre vida lo antes posible, la luna nueva y la luna llena en Aries te aportarán un gran poder.

Aries te proporciona todas las herramientas necesarias para triunfar, sea arrojo para poner en práctica tus ideas sin cuestionarte a ti mismo, determinación o una actitud positiva. Y, ante todo, te infunde la firme convicción de que eres capaz de tomar las tiendas de tu propia vida en vez de quedarte a la expectativa.

Si hay algo que quieras probar, pero no te ha sido posible ponerlo en marcha, escribe concretamente la iniciativa que pretendes tomar. Los deseos conscientes de Aries también pueden llegar a ser de lo más efectivos cuando te sientes deprimido y quieres encender una chispa en tu interior.

Deseo consciente de luna nueva en Aries

De finales de marzo a finales de abril

Una luna nueva en Aries puede ayudarte...

- a comenzar algo nuevo
- a acelerar los acontecimientos
- a dejar un trabajo para montar una empresa propia o trabajar por tu cuenta
- a asumir un reto con valentía
- a alcanzar la posición de liderazgo
- a avanzar en el rumbo elegido
- a superar obstáculos y cosechar triunfos
- a tomar las riendas de tu vida
- a adoptar el hábito de vivir guiándote por la intuición
- con todo lo relacionado con los deportes y el ejercicio
- con todo lo relacionado con la cara, el pelo y la cabeza

Preguntas del universo

Para ayudarte a encontrar pistas cuando no sabes qué escribir

- ¿Qué te gustaría comenzar a hacer?
- ¿Qué te gustaría que se desarrollase con más rapidez?
- ¿Qué es lo que realmente te gustaría superar?
- ¿En qué te gustaría ser el número uno?
- ¿En qué te encantaría despuntar?

---

3 MAGNÍFICOS EJEMPLOS DE DESEOS CONSCIENTES CON PROBABILIDAD DE HACERSE REALIDAD CON LUNA NUEVA EN ARIES

1. <u>Pongo la intención en</u> comenzar hoy mismo una nueva vida maravillosa.
2. <u>Pongo la intención en</u> aprovechar cada oportunidad y tener la suficiente valentía para asumir desafíos.
3. <u>Pongo la intención en</u> avanzar por el rumbo elegido sin dejarme influenciar por los demás.

PALABRAS CLAVE RECOMENDADAS PARA DESEOS CONSCIENTES DE ARIES

Inicio
comienzo, partida, energía, agilidad, empezar con el pie derecho, rápido, progresar, expandir, iniciativa

Valor
entusiasmo, pasión, lucha, intuición, calma bajo presión, competitividad, independencia, empeño, motivación, vitalidad, ánimo

Idiosincrasia
autenticidad, original, único, pionero, primero, descubrir, primero a nivel mundial, primero a nivel nacional, primero en la historia

Independencia
poner en marcha una empresa, establecerse por cuenta propia, abrir un negocio, montar una tienda, abrir, ser pionero

Ser proactivo
dar el primer paso, descubrir, labrarse, avanzar, seguir adelante, tener valor, probar suerte, triunfo, superar, despun-

tar, convertirse en el número uno, decidirse, entrenar, ejercicio

🗝 *Reto*
apasionadamente, con osadía, rápidamente, poderosamente, activamente, con valentía, con fuerza, con entusiasmo, sin temor, con optimismo, enérgicamente, repentinamente, en un abrir y cerrar de ojos, de manera creciente, cada vez más

🗝 *Ejercicio*
gimnasio, *fitness,* deporte, fuerza muscular

RELACIONES AMOROSAS Y ALIANZAS

- Pongo la intención en conocer a mi media naranja y comenzar una nueva vida desde cero.
- Pongo la intención en poner fin a mi actual relación de manera amistosa y conocer a mi alma gemela en el momento perfecto.

TRABAJO Y NEGOCIOS

- Pongo la intención en que mi proyecto profesional se desarrolle de forma rápida y dinámica.
- Pongo la intención en abrir una peluquería en una ubicación ideal lo antes posible.

- Pongo la intención en trasladarme al departamento de marketing y emprender una nueva carrera profesional de aquí a un año.

FINANZAS
- Pongo la intención en encontrar una nueva fuente de ingresos y doblar mis rentas.
- Pongo la intención en encontrar el trabajo de mis sueños y tener independencia económica de aquí a seis meses.
- Pongo la intención en vivir holgadamente desempeñando un trabajo que me enorgullezca de verdad.

HÁBITOS
- Pongo la intención en levantarme a las seis y practicar media hora de yoga cada mañana.
- A partir de ahora, pongo la intención en valorar mis propios sentimientos por encima de las opiniones de los demás.

PERSONALIDAD
- Pongo la intención en convertirme en una nueva versión proactiva de mí mismo, pasando de la intuición a la iniciativa inmediatamente.
- Pongo la intención en convertirme en una versión de mí mismo nueva y valiente, y asumir nuevos retos constantemente.

SALUD Y BELLEZA

- Pongo la intención en empezar a realizar sesiones de entrenamiento personal dos veces por semana este mes de abril con objeto de desarrollar musculatura y fuerza mental para perseguir mis objetivos con determinación.
- Pongo la intención en hacerme un nuevo corte de pelo para montar mi propia empresa y abordar este nuevo reto profesional con osadía y un nuevo aire.

OTROS

- Pongo la intención en independizarme y empezar a vivir en mi propia casa de aquí a un año.
- Pongo la intención en mudarme a una ciudad diferente y comenzar de cero lo antes posible.

Deseo consciente de luna llena en Aries

De finales de septiembre a finales de octubre

Los temas y las palabras clave son los mismos que para la luna nueva. Además, una luna llena en Aries te ayuda a desprenderte de...

- impaciencia, apresuramiento, impulsividad, mal genio
- ira, frustración, celos de un rival
- problemas o preocupaciones relacionados con la cabeza, la cara, o el pelo; dolores de cabeza

---

2 MAGNÍFICOS EJEMPLOS DE DESEOS CONSCIENTES/LIBERADORES CON PROBABILIDAD DE HACERSE REALIDAD CON LUNA LLENA EN ARIES

1. La nueva tienda que abrí está consiguiendo magníficas críticas, y afortunadamente las ventas también están

---

aumentando mes a mes. ¡Todo está saliendo tal y como imaginaba! Muchas gracias.
2. Ya he adquirido el hábito de actuar en cuanto tengo un presentimiento. ¡La vida ha retomado su curso y fluyo totalmente con la corriente!

RELACIONES AMOROSAS Y ALIANZAS
- Conocí a una mujer guapísima en el gimnasio y comenzamos a salir. Estoy alucinado por lo deprisa que se están desarrollando las cosas. Muchas gracias.

TRABAJO Y NEGOCIOS
- ¡Mantuve la motivación y he pasado a ser el mejor vendedor del departamento de ventas! ¡En mi vida me he sentido tan bien! Muchas gracias.

FINANZAS
- Desde que salí en una revista de moda, he conseguido más clientes magníficos y mis cifras de ventas se han disparado. ¡Qué emoción pensar en lo que se avecina! Muchas gracias.

HÁBITOS

- He tomado por costumbre utilizar las escaleras en el metro. Me encanta hasta qué punto me siento mucho más en forma. ¡Muchas gracias!

PERSONALIDAD

- He dejado de ser el cobarde que solía darse por vencido sin intentarlo. ¡Ahora disfruto poniéndome a prueba! Muchas gracias.

SALUD Y BELLEZA

- Desde que comencé a hacer ejercicios de *mindfulness* por la mañana, mis migrañas se fueron mitigando ¡y ya son agua pasada! Es una gran bendición el poder afrontar cada día con bienestar y a gusto. ¡Muchas gracias!

OTROS

- ¡Mi sueño de toda la vida, asistir al Gran Torneo de Sumo, se ha cumplido! Me quedé alucinado por el ímpetu de los combates, y la estética y los rituales japoneses me parecieron fascinantes. ¡Fue un día muy emocionante! Muchas gracias.

2

Luna nueva y luna llena en
TAURO

CONSIGUE ESTABILIDAD FINANCIERA
Y ABUNDANCIA

Deseos conscientes de Tauro

> Crea un abundante flujo de dinero con la luna nueva.
>
> Despréndete de la «mediocridad» con la luna llena.

Una vez que Aries arranca con buen pie, el cometido de Tauro es generar riqueza y abundancia. Tauro es uno de los signos que rige el dinero y las posesiones materiales.

El dinero es una necesidad. Y sin embargo, son muchas las personas que no tienen suficiente y que pasan estrecheces. Si es tu caso, te recomiendo encarecidamente que formules deseos conscientes de Tauro.

Los deseos conscientes de Tauro surten un gran efecto. Esto se debe a que la luna llena en Escorpio precede o sigue inmediatamente a la luna nueva en Tauro, y a que la luna nueva en Escorpio precede o sigue inmediatamente a la luna llena en Tauro. De todos los signos zodiacales, Tauro y Escorpio son los más propicios para las finanzas. Ambos poseen un gran poder para atraer el dinero o las posesiones y para afianzar y estabilizar ese flujo una vez creado.

La naturaleza inherente de Tauro es el talento innato y la personalidad con la que cada persona nace. Todos tenemos dotes e inclinaciones naturales únicas, y, cuando las empleamos para servir a los demás y ayudar al mundo, recibimos dinero a cambio.

El primer paso es expresar tus habilidades y virtudes innatas. Luego, si encima escribes un deseo consciente de Tauro, seguro que el universo crea el flujo para que estos dones se transformen en riqueza.

Aparte de los asuntos financieros, Tauro rige todo aquello que te gustaría estabilizar o mantener. Una relación que hace aguas puede transformarse en algo sólido con ayuda de un deseo consciente de Tauro.

Deseo consciente de luna nueva en Tauro

De finales de abril a finales de mayo

Una luna nueva en Tauro te ayuda...

- a vivir una vida próspera y cómoda
- a dar estabilidad a lo que ya has comenzado
- a dilucidar lo que se duda
- a mejorar tu calidad de vida
- a aumentar los ingresos y la riqueza
- a sentirte satisfecho en el plano económico y material
- a generar beneficios con tu talento y personalidad
- a centrarte en algo con paciencia
- a forjar una relación sentimental sólida y estable
- a saborear toda la abundancia que la vida te ofrece
- con cualquier cosa relacionada con el cuello, la garganta, la voz o la tiroides

Preguntas del universo

Para ayudarte a encontrar pistas cuando no sabes qué escribir

- ¿A qué te gustaría dar estabilidad?
- ¿A qué cantidad de ingresos aspiras?
- ¿Qué te aportaría una sensación de seguridad?
- ¿Qué necesitas a fin de sentir que tienes más que suficiente?
- ¿Cuándo te sientes realizado?

---

3 MAGNÍFICOS EJEMPLOS DE DESEOS CONSCIENTES CON PROBABILIDAD DE HACERSE REALIDAD CON LUNA NUEVA EN TAURO

1. <u>Pongo la intención en que</u> haya una entrada constante de diez mil dólares en mi cuenta bancaria cada mes.
2. <u>Pongo la intención en</u> ganar dinero de sobra como para disfrutar plenamente de todos los placeres de la vida.
3. <u>Pongo la intención en</u> disponer de dinero para construir la casa que quiero de aquí a finales de año.

PALABRAS CLAVE RECOMENDADAS PARA DESEOS CONSCIENTES DE TAURO

🔑 *Dinero*
ingresos, riqueza, bienes, finanzas, estabilidad económica, vida cómoda, darse el lujo, estilo de vida, valor

🔑 *Talento*
sentido de la estética, los cinco sentidos, sensibilidad, arte, pericia, destreza artística, innato, inherente

🔑 *Naturaleza*
plantas, flores, árboles, verde, tierra, orgánico, natural, ecología, textura, nociones

🔑 *Abundante*
cómodo, agradable, rico, amplio, suficiente, fastuoso, lujoso, de postín, superior, de gran calidad, valioso, auténtico

🔑 *De manera fidedigna*
constantemente, sistemáticamente, paso a paso, de forma segura, adecuadamente, relajadamente, semanalmente, mensualmente, con regularidad, aquí y ahora, con generosidad, fielmente

> *☛—🔑 Dar estabilidad*
> sentirse realizado, asegurarse, continuar, mantener, acu-
> mular, sentirse seguro, sentirse bendecido, disfrutar, sabo-
> rear plenamente

RELACIONES AMOROSAS Y ALIANZAS

- Pongo la intención en casarme con alguien que compar-
  ta mis valores y que nos seamos fieles mutuamente durante el resto de nuestras vidas.
- Pongo la intención en conocer a alguien y juntos vivir
  una vida feliz y cómoda.

TRABAJO Y NEGOCIOS

- Pongo la intención en conseguir un trabajo en los próximos seis meses que me permita dar rienda suelta a mi
  sentido de la estética.
- Pongo la intención en convertirme en asesor financiero
  autónomo y triunfar como experto en mi campo.

FINANZAS

- Pongo la intención en que haya una entrada de dinero
  constante y suficiente en mi cuenta bancaria cada mes
  para poder llevar un lujoso tren de vida.

- Pongo la intención en ganar suficiente dinero para darme el lujo de ir al spa o al centro de estética cada semana.

HÁBITOS

- De ahora en adelante, pongo la intención en dedicar tiempo únicamente a las cosas que valoro de verdad.
- Pongo la intención en arreglar el jardín los fines de semana y recargar las pilas en contacto con la naturaleza.

PERSONALIDAD

- Pongo la intención en comprometerme a perseverar en lo que empiece en vez de dejarlo a medias.
- Pongo la intención en perseguir mi sueño con tesón sin compararme con los demás.

SALUD Y BELLEZA

- Pongo la intención en comer solamente lo que es beneficioso para mi cuerpo a partir de hoy.
- Pongo la intención en comprometerme a realizar una práctica diaria de cinco minutos de estiramientos antes de acostarme.

OTROS

- Pongo la intención en reunir sin esfuerzo el dinero que necesito para abrir un café de productos orgánicos.
- Pongo la intención en encontrar una nueva pareja y comprometernos antes de mi próximo cumpleaños.

Deseo consciente de luna llena en Tauro

De finales de octubre a finales de noviembre

Los temas y las palabras clave son los mismos que para la luna nueva. Además, una luna llena en Tauro te ayuda a desprenderte de...

- terquedad, inflexibilidad
- ataduras, miedo a la pérdida o al fracaso
- problemas o preocupaciones relacionados con la garganta, el cuello, la voz o la tiroides

2 MAGNÍFICOS EJEMPLOS DE DESEOS CONSCIENTES/LIBERADORES CON PROBABILIDAD DE HACERSE REALIDAD CON LUNA LLENA EN TAURO

1. He dejado de pasar apuros o ansiedad a causa del dinero. Estoy saboreando la sensación de abundancia infinita que ahora mismo me embarga. Muchas gracias.

> 2. He perdido el apego al dinero y las cosas materiales de manera natural. <u>¡Ahora tengo confianza en mí misma para atraer lo que necesito sin esfuerzo! Muchas gracias.</u>

RELACIONES AMOROSAS Y ALIANZAS

- Mi relación con Noah se ha consolidado poco a poco, y últimamente nos da por hablar con naturalidad sobre nuestros planes de futuro. ¡Cuánto agradezco este enorme avance! Muchas gracias.

TRABAJO Y NEGOCIOS

- Tengo previsto abrir una *boutique* de artículos cuidadosamente seleccionados que reflejen mi sensibilidad. ¡Y está en la ubicación de mis sueños! Muchas gracias.

FINANZAS

- Mis ingresos mensuales ascienden actualmente a siete mil dólares, así que puedo permitirme comprar cosas sin preocuparme por el precio. ¡Qué feliz soy! Muchas gracias.

HÁBITOS

- Ahora puedo darme un capricho de vez en cuando sin sentirme culpable. Y todo gracias a la abundante entrada de dinero que estoy recibiendo. Muchas gracias.

PERSONALIDAD

- Solía ser muy cabezota, pero ahora me parece increíble lo flexible que me he vuelto. Ahora que he dejado de discutir con mi pareja, me siento muy en paz. Muchas gracias.

SALUD Y BELLEZA

- Gracias a los masajes de cuello que me he estado dando yo misma, he comprobado que mi cuello se está estilizando y que mis clavículas están adquiriendo un bonito contorno pronunciado. ¡Este verano voy a estar estupenda con un vestido de cuello *halter!* Muchas gracias.

OTROS

- Desde que aprendí el principio de que el dinero crece cuando dejo que circule, he sido capaz de utilizarlo con generosidad para otros. Lo que doy siempre se me devuelve con creces, y mi seguridad en el plano económico es cada vez mayor. Muchas gracias.

3

Luna nueva y luna llena en
GÉMINIS

APROVECHA LA OPORTUNIDAD EN EL MOMENTO PERFECTO

Deseos conscientes de Géminis

Aprovecha el abanico de oportunidades que te brinda la luna nueva.

Deja atrás una vida monótona con la luna llena.

La buena suerte es cuestión de sincronización. Por mucho talento que tengas o por mucho que te vuelques en el trabajo, si no estableces una sincronización adecuada, no conseguirás resultados y te costará triunfar. El hecho de que tu deseo se cumpla o no también depende de elegir el momento oportuno.

El signo del Zodíaco que rige la sincronización de todas las cosas es Géminis. Si consideras que tienes un pésimo don de la oportunidad, deberías sacar partido de los deseos conscientes de Géminis.

La buena sincronización únicamente consiste en recibir la información adecuada en el momento adecuado. Si llevas meses buscando el contacto o la información que necesitas y no logras encontrarlos, es muy probable que te falte la energía de Géminis. Utiliza los deseos conscientes de Géminis para atraer la mejor información.

La diosa Fortuna se escapa con una tremenda rapidez. Hemos de espabilar con el fin de cazar al vuelo una oportunidad tras otra. No es necesario que realices un gran esfuerzo para conseguir poner la suerte de tu parte. Una vez que uses los deseos conscientes para situarte en el lugar adecuado y en el momento justo, tienes la suerte garantizada.

Géminis, junto con Acuario (página 211), ha adquirido creciente importancia en los últimos años. Esto se debe a que Géminis rige la información.

En la actual era de la información que nos ha tocado vivir hay un intercambio constante de correos electrónicos, tanto en el terreno profesional como en el personal. Son más las personas que tienen un teléfono inteligente que las que no. Resulta que Géminis es el signo que gobierna todo lo relativo a la información y la transmisión. Las palabras y la comunicación también pertenecen al dominio de Géminis. Es fácil entender la relevancia que posee un signo.

Géminis representa la curiosidad y la variedad. Como es magnífico para realizar multitud de cosas a la vez, si tienes una larga lista de cosas que quieras materializar seguro que los deseos conscientes de Géminis te resultan de gran ayuda. Si lo que anhelas es una vida emocionante y llena de cambios, encomiéndaselo a un deseo consciente de Géminis.

Deseo consciente de luna nueva en Géminis

De finales de mayo a finales de junio

Una luna nueva en Géminis te ayuda...

- a comunicarte con claridad y precisión
- a recibir la información idónea en el momento justo
- a trabajar y triunfar en multitud de ámbitos a la vez
- a disfrutar de conversaciones con desenvoltura estés con quien estés
- a ampliar el abanico de posibilidades estudiando lo que te interesa
- a adaptarte a un nuevo entorno
- a llevar una vida activa sin esfuerzo
- a beneficiarte de una segunda fuente de ingresos
- a adquirir sabiduría de la vida
- con todo lo relacionado con las manos, los brazos, los pulmones y el aparato respiratorio

Preguntas del universo

Para ayudarte a encontrar pistas cuando no sabes qué escribir

- ¿Qué te gustaría aprender en este momento?
- ¿Qué te suscita interés pero no has probado?
- ¿Cuáles son las cosas que te gustaría hacer antes de morir?
- ¿Qué puedes enseñar a los demás?
- Si tuvieras la posibilidad de conseguir dos cosas a la vez, ¿cuáles serían?

---

3 MAGNÍFICOS EJEMPLOS DE DESEOS CONSCIENTES CON PROBABILIDAD DE HACERSE REALIDAD CON LUNA NUEVA EN GÉMINIS

1. <u>Pongo la intención en</u> relacionarme con alegría y desparpajo con todo el mundo y cultivar relaciones armoniosas.
2. <u>Pongo la intención en</u> recibir siempre la información exacta que necesito en el momento oportuno.
3. <u>Pongo la intención en</u> compaginar con equilibrio y sin dificultad mi vida profesional y personal, y al mismo tiempo sentirme feliz en ambos terrenos.

PALABRAS CLAVE RECOMENDADAS PARA DESEOS CONSCIENTES DE GÉMINIS

🔑 *Información*
conocimiento, aprendizaje, estudio, escritura, palabras, redacción, libro, lectura, comunicación, conversación, discurso, teléfono inteligente, redes sociales, blog, boletín informativo, tendencia, negociación, ingenio, broma, humor, idea, pensamiento, curiosidad, *input*, *output*, segundo empleo, actividad secundaria

🔑 *Moverse*
desplazarse, trasladarse, viajar, viaje de trabajo, estancia de una noche, escapada, bicicleta, ciclismo

🔑 *Pares*
amigo, amigo de la infancia, compañero de clase, colega, hermanos, vecino, amistad, pareja, tándem, socio

🔑 *Inteligente*
conocedor, versátil, poli-, afable, elocuente, fascinante, genial, novedoso, relajado, variedad

⚷ *Con versatilidad*
ambos, ninguno, simultáneamente, al mismo tiempo, diestramente, con delicadeza, al compás, fácilmente, somera y ampliamente, en el momento perfecto

⚷ *Comunicar*
hablar, explicar, enseñar, escribir, aprender, experimentar, adaptar, amoldar, entender la situación, captar, entablar amistad, publicar (en redes sociales)

RELACIONES AMOROSAS Y ALIANZAS

- Pongo la intención en conocer a una persona divertidísima con quien poder pasar horas conversando sin aburrirme en ningún momento.
- Pongo la intención en que de mi amistad con Sam pronto surja una relación sentimental.

TRABAJO Y NEGOCIOS

- Pongo la intención en organizar talleres como *coach* de marca personal por todo el país y congregar fácilmente a más de doscientas personas en cada ocasión.
- Pongo la intención en estrenarme como guionista antes de fin de año y que me lluevan los encargos lo más deprisa posible.

FINANZAS

- Pongo la intención en dedicarme a una segunda actividad en el mundo del arte que me aporte los mismos ingresos que mi principal trabajo.
- Pongo la intención en generar ingresos de distintas fuentes sin necesidad de ceñirme a un trabajo en particular.

HÁBITOS

- Pongo la intención en viajar cada dos meses y ampliar así mis horizontes y mi experiencia.
- Pongo la intención en entender la importancia de las palabras y esforzarme de manera consciente en emplear únicamente palabras que sean agradables y positivas.

PERSONALIDAD

- Pongo la intención en mostrar entusiasmo en vez de reprimir mi curiosidad en conocer y aprender.
- Pongo la intención en vivir con alegría y desenfado, sin perder en ningún momento el sentido del humor, pase lo que pase.

SALUD Y BELLEZA

- Pongo la intención en masajearme veinte veces las clavículas cada día para definir mi escote y estilizar mis hombros.
- Pongo la intención en mejorar mi salud bebiendo un vaso de agua con zumo de limón todas las mañanas.

OTROS

- Pongo la intención en trabajar en algo que satisfaga mis inquietudes intelectuales y donde mis conocimientos estén en consonancia con mis ingresos.
- Pongo la intención en hacer caso omiso de los chismorreos y escuchar solamente novedades positivas.

Deseo consciente de luna llena en Géminis

De finales de noviembre a finales de diciembre

Los temas y las palabras clave son los mismos que para la luna nueva. Además, una luna llena en Géminis te ayuda a desprenderte de...

- falta de compromiso, falta de concentración, el aburrirse fácilmente
- ser ambiguo o tener dos caras, la adicción a internet
- problemas o preocupaciones relacionados con las manos, los brazos, el aparato respiratorio; alergias estacionales

2 MAGNÍFICOS EJEMPLOS DE DESEOS CONSCIENTES/LIBERADORES CON PROBABILIDAD DE HACERSE REALIDAD CON LUNA LLENA EN GÉMINIS

1. <u>Estoy agradecido</u> de que la información que necesito siempre me llegue en el momento justo. <u>¡También me siento agradecido por la cantidad de coincidencias que se han producido! Muchas gracias.</u>
2. Ya no me muestro cohibida ante los desconocidos. ¡Últimamente <u>me lo paso de fábula</u> conociendo gente nueva! Estoy tan <u>emocionada</u> que mi mundo está expandiéndose. <u>Muchas gracias.</u>

RELACIONES AMOROSAS Y ALIANZAS

- He mantenido mi primera conversación con Dylan, a quien admiro desde hace mucho tiempo. Hemos entablado amistad, y me muero de ganas de ver cómo avanza nuestra relación. Muchas gracias.

TRABAJO Y NEGOCIOS

- Conseguí un trabajo estimulante en el que me vuelco. Es muy gratificante el hecho de disfrutar de mi trabajo. Muchas gracias.

FINANZAS

- ¡Mi campaña en redes sociales arrasó y mis ingresos se han doblado! Voy a seguir aprovechando el tirón. Muchas gracias.

HÁBITOS

- Soy consciente de que llevo dando clases de canto más de un año. ¡He dejado de ser la persona que dejaba todo a medias! Muchas gracias.

PERSONALIDAD

- Ya estoy adquiriendo el hábito de escuchar y dejar que los demás terminen de hablar antes de intervenir. Gracias a ello, no saco conclusiones precipitadas, como solía hacer, ni por asomo. Muchas gracias.

SALUD Y BELLEZA

- Desde que me mudé a una casa junto a la playa, milagrosamente mis alergias estacionales se han mitigado. ¡Me alegro mucho de haber hecho un acto de fe al decidir mudarme! Muchas gracias.

OTROS

- Qué profunda satisfacción la de poder ir ahora a cualquier sitio que quiera, ver a quien me apetezca y experimentar cualquier cosa que me agrade. ¡Me siento muy vivo al aprender algo nuevo! Muchas gracias.

4

Luna nueva y luna llena en
CÁNCER

CREA UNA FAMILIA FELIZ LLENA DE AMOR

Deseos conscientes de Cáncer

> Crea un lugar que te aporte seguridad y un sentimiento de pertenencia con la luna nueva.
>
> Supera los altibajos emocionales con la luna llena.

Puede que el anhelo de muchos de vosotros sea casaros con el amor de vuestra vida, ser bendecidos con hijos, y crear familias felices. Los deseos conscientes de Cáncer se ocupan de todo esto por vosotros.

Cáncer es un signo que rige todo lo relativo a la vida familiar: el matrimonio con el ser amado, el embarazo, el parto, la crianza de los hijos, e incluso las relaciones con los hijos, los padres y parientes.

Teniendo en cuenta hasta qué punto el ámbito doméstico y las relaciones familiares constituyen el eje fundamental de nuestras vidas, el papel que los deseos conscientes de Cáncer podrían desempeñar es inconmensurable. *Pase lo que pase, tengo familia y amigos a quienes quiero:* Cáncer te proporciona ese sentimiento de seguridad y pertenencia.

Si la suerte es cuestión de sincronización, la felicidad gira en torno al hogar. Si tu hogar está lleno de amor, el éxito y el dinero te acompañarán. Esto se debe a que las manifestaciones de abundancia se aglutinan en torno al amor.

Cáncer, como signo guardián de la familia y el ámbito doméstico, representa un hogar seguro y armonioso. Te aportará un gran poder cuando pidas felicidad no solo para ti, sino para tu familia, tus amigos y la gente que te rodea. Por lo tanto, ¿por qué no confiarle tu concepto de una vida familiar rebosante de felicidad?

Si quieres resolver un problema que tienes en el ámbito doméstico, usa un deseo consciente de luna llena en Cáncer para tu beneficio. Si la relación con tu hijo, padre o cónyuge es tirante, o si en tu hogar hay una persona problemática, la luna llena en Cáncer brinda el momento oportuno para que visualices a tu familia viviendo en paz y armonía, con todas estas desavenencias resueltas. Si además escribes tus frases de agradecimiento, seguro que Cáncer te echa una mano con su sutil energía.

Deseo consciente de luna nueva en Cáncer

De finales de junio a finales de julio

Una luna nueva en Cáncer te ayuda...

- a tener una vida familiar gratificante
- a reforzar vínculos familiares
- a mejorar las relaciones paternofiliales, especialmente con la madre
- a ser bendecido con un hijo; quedarse embarazada
- a controlar tus emociones
- a disfrutar de una vida personal plena
- a crear un entorno que aporte seguridad
- a entablar amistades tan estrechas como con tu familia
- a comprar la casa de tus sueños
- con todo lo relacionado con el pecho y los senos

Preguntas del universo

Para ayudarte a encontrar pistas cuando no sabes qué escribir

- ¿Cuál es tu concepto de una familia feliz?
- ¿Cómo es tu relación paternofilial ideal?
- ¿Cómo te gustaría criar a tus hijos?
- Si trabajases desde casa, ¿cómo te lo imaginas?
- Si fueras a construir un nuevo hogar, ¿cómo sería?

---

3 MAGNÍFICOS EJEMPLOS DE DESEOS CONSCIENTES CON PROBABILIDAD DE HACERSE REALIDAD CON LUNA NUEVA EN CÁNCER

1. <u>Pongo la intención en</u> construir una familia feliz y cariñosa con Frankie.
2. <u>Pongo la intención en</u> formar una familia divertida con mi pareja y dos hijos, y juntos vivir una vida llena de risas.
3. <u>Pongo la intención en</u> comprar un terreno cerca del mar de aquí a un año y construir una casa con terraza.

PALABRAS CLAVE RECOMENDADAS PARA DESEOS CONSCIENTES DE CÁNCER

Familia
paternofilial, clan, parientes lejanos, familiares, personas afines, amigo íntimo, amigo de la infancia, asuntos familiares, filial, embarazo, parto, niños, crianza, disciplina

Residencia
hogar, piso, segunda vivienda, reforma, interior, trasladar, cambiar, compañero de clase/de piso, compartir piso

Vida personal
a la salida del trabajo, seguridad, recargar, baño de Luna, relax, estilo de vida, comodidades

Cocina
alimento, receta, nutrición, mesa, cocina, comida

Amable
cariñoso, afable, colmado de amor, cálido, cercano, favorable, accesible

Cuidar
criar, proteger, ayudar, tratar bien, prestar apoyo, echar una mano, ponerse en contacto con, envolver, unir, juntarse, apoyarse mutuamente, entender (a alguien), relacionar, interactuar, apreciar, simpatizar, atender

RELACIONES AMOROSAS Y ALIANZAS
- Pongo la intención en conocer a una persona alegre y amable que haga buenas migas con mis padres.
- Pongo la intención en caer bien a los padres de Frankie para que den el beneplácito a nuestra boda.

TRABAJO Y NEGOCIOS
- Pongo la intención en abrir una escuela de cocina en mi casa este otoño y dar clases a cien alumnos en el plazo de un año.
- Pongo la intención en montar un café-librería donde puedan reunirse las madres con sus críos.

TRABAJO Y NEGOCIOS
- Pongo la intención en obtener ingresos generosos que me permitan holgadamente dar a mis padres una asignación mensual de mil dólares.
- Pongo la intención en doblar mis ingresos con el fin de proporcionar la mejor educación a mis hijos.

HÁBITOS
- Pongo la intención en quedar a almorzar con los padres de mi pareja todos los meses y mantener una relación cordial con ellos.
- Pongo la intención en prepararme una comida equilibrada, como mínimo, tres veces por semana.

PERSONALIDAD

- Pongo la intención en erradicar la costumbre de intentar controlar de manera excesiva a mis hijos.
- A partir de hoy, pongo la intención en expresar mi agradecimiento y cariño a mis padres sin sentir vergüenza.

SALUD Y BELLEZA

- Pongo la intención en hacer treinta flexiones al día para desarrollar unos músculos pectorales bonitos y firmes.
- Pongo la intención en ir con regularidad a unos baños al aire libre para absorber la luz de la Luna e impregnarme de todo su poder.

OTROS

- Pongo la intención en perseverar para tener un bebé con mi pareja y compartir la buena noticia con los demás.
- Pongo la intención en hacer un hueco al menos una vez a la semana para encontrarme a mí misma al mismo tiempo que cuido de mi padre.

Deseo consciente de luna llena en Cáncer

De finales de diciembre a finales de enero

Los temas y las palabras clave son los mismos que para la luna nueva. Además, una luna llena en Cáncer te ayuda a desprenderte de...

- preocupaciones, intromisiones, actitudes controladoras
- altibajos emocionales, hipersensibilidad o temores
- problemas o preocupaciones relacionados con el pecho o los senos

---

2 MAGNÍFICOS EJEMPLOS DE DESEOS CONSCIENTES/LIBERADORES CON PROBABILIDAD DE HACERSE REALIDAD CON LUNA LLENA EN CÁNCER

1. Encontré mi piso ideal en Chelsea, el barrio de mis sueños. ¡No puedo creer que tenga la suerte de vivir aquí! Muchas gracias.

---

2. Los días de estar atrapado en mis emociones son agua pasada desde hace tiempo. ¡Es alucinante poder cambiar el chip automáticamente y sentirme mejor en un día! Muchas gracias.

RELACIONES AMOROSAS Y ALIANZAS

- ¡Mi hijo me ha dado el visto bueno para casarme con Frankie! Qué contenta estoy de que pronto tenga un nuevo papá. Muchas gracias.

TRABAJO Y NEGOCIOS

- Al ver el trabajo y el éxito de los empleados a los que he formado, me siento bendecida de ser *coach*. Soy muy feliz con este trabajo. Muchas gracias.

FINANZAS

- Es una grata sorpresa que mi afición a la repostería me reporte unos ingresos inesperados. ¡Mi sentido agradecimiento a mis clientes! Muchas gracias.

HÁBITOS

- Desde que comencé a ir a la escuela de cocina, soy más consciente de lo que como. ¡Y encima, me ayuda a mantenerme sano! Muchas gracias.

PERSONALIDAD

- Ya no tengo la manía de descargar mi ira sobre mis hijos. He dejado de regodearme en el odio hacia mí mismo y me siento en paz todos los días. Muchas gracias.

SALUD Y BELLEZA

- Desde que comencé a poner la mesa y a alimentarme con conciencia, he dejado de comer más de lo que necesito. Me siento alegre en el día a día y mi estado anímico se ha equilibrado de manera espectacular. ¡Muchas gracias!

OTROS

- ¡Mi amigo me presentó al compañero de piso perfecto! Es la mar de divertido y optimista; me siento a gusto conviviendo con él, como si fuésemos amigos íntimos de toda la vida. ¡Y encima es un cocinero de primera! Estoy muy agradecido por este milagroso encuentro. ¡Muchas gracias!

5

Luna nueva y luna llena en
LEO

CÓMETE EL MUNDO

Deseos conscientes de Leo

Sé consciente de los placeres y de la alegría de la vida con la luna nueva.

Pon fin a la baja autoestima con la luna llena.

¿Estás disfrutando de la vida en este preciso instante? ¿Sientes la alegría de vivir en el fondo de tu corazón? Si la respuesta a ambas preguntas es negativa, entonces procúrate una vida dichosa por medio de deseos conscientes de Leo.

El hecho de que disfrutes de la vida no entraña egoísmo o autocomplacencia: sencillamente es necesario para que tus deseos se hagan realidad. Los deseos no se materializan con el ceño fruncido; se materializan de manera natural cuando disfrutas de la vida y desprendes vibraciones de felicidad y júbilo.

Pasarlo bien al tiempo que manifiestas tus deseos: Leo te ayuda a hacer de eso una realidad. El truco de los deseos conscientes de Leo es dejar a un lado obligaciones y responsabilidades y escribir lo que te apasiona y te hace vibrar; el tipo de deseos que, de cumplirse, te permitirán irradiar más luz que nunca. Si no tienes la menor idea de lo que te apasiona o de lo que quieres hacer, puedes escribir un deseo consciente que te ayude a averiguarlo.

Las relaciones amorosas, por supuesto, figuran entre nuestras pasiones. Así que, si te mueres de ganas de conocer a alguien y enamorarte, experimentarás una increíble diferencia con los deseos conscientes de Leo.

Los deseos conscientes de Leo también resultan de gran utilidad si aspiras a alcanzar la fama o acaparar el protagonismo. Son especialmente efectivos si tienes una competición o audición a la vista.

Por otro lado, si padeces miedo escénico o no se te da muy allá venderte a ti mismo, aprovecha la luna llena en Leo. Visualízate con la cabeza alta siendo el centro de atención mientras escribes deseos conscientes que te elogien y alaben.

Deseo consciente de luna nueva en Leo

De finales de julio a finales de agosto

Una luna nueva en Leo te ayuda...

- a crear la vida que anhelas
- a vivir con arrojo y confianza
- a transformar un complejo de inferioridad en una apreciación de tu propia singularidad
- a venderte a ti mismo espléndidamente
- a destacar y cosechar elogios
- a llevar un lujoso tren de vida
- a convertir tus aficiones y pasiones en algo que te reporte dinero
- a ponerle salsa a una vida monótona
- a dirigir un equipo o una empresa
- a triunfar en la industria del ocio
- con todo lo relacionado con el corazón, la espalda, la postura o la circulación

Preguntas del universo

Para ayudarte a encontrar pistas cuando no sabes qué escribir

- ¿En qué ámbito te gustaría destacar?
- ¿Cómo te describirías a ti mismo?
- ¿Cuál es tu mayor don?
- En caso de que tengas baja autoestima, ¿a qué es debido?
- ¿Qué harías si pudieras estar un mes sin trabajar?

---

3 MAGNÍFICOS EJEMPLOS DE DESEOS CONSCIENTES CON PROBABILIDAD DE HACERSE REALIDAD CON LUNA NUEVA EN LEO

1. A partir de hoy, <u>pongo la intención en</u> anteponer el placer a las obligaciones y responsabilidades en mi vida.
2. <u>Pongo la intención en</u> resaltar mis rasgos más favorecedores y desenvolverme con confianza.
3. <u>Pongo la intención en que</u> me asignen un nuevo cometido que me permita lucirme al máximo en mi empresa.

PALABRAS CLAVE RECOMENDADAS PARA DESEOS CONSCIENTES DE LEO

⚷ *Singularidad*
don, mejor rasgo, expresión de uno mismo, identidad, imagen de uno mismo, orgullo, dignidad, autoestima, originalidad, creatividad, lotería, apuestas

⚷ *Aura*
confianza, esplendor, éxito, sonrisa, protagonista, vip, celebridad, fama, persona famosa, laureles, figura pública, imponente, real, realeza, privilegio, símbolo

⚷ *Alegría*
emocionarse, conmoverse, drama, romance, fiesta, júbilo, inocencia, diversión

⚷ *Estrella*
héroe/heroína, carisma, llamativo, precioso, presencia, escenario, actor/actriz, cantante, talento, teatro, musical, audición, concurso, evento, actuación

⚷ *Con la cabeza alta*
con confianza, con osadía, con alegría, por todo lo alto, sin vacilación, de lleno, extraordinariamente, emotivamente

---

⚷ *Llamar la atención*
ser objeto de admiración, ganarse respeto, hacerse un nombre, acaparar el protagonismo, sobresalir, tener confianza en uno mismo, ser expresivo, promocionar

---

RELACIONES AMOROSAS Y ALIANZAS

- Este verano, pongo la intención en conocer a alguien con una preciosa sonrisa y enamorarme perdidamente.
- Pongo la intención en que Noah se me declare a lo grande en nuestra cita el próximo fin de semana.

TRABAJO Y NEGOCIOS

- Pongo la intención en tomarme mi trabajo como un medio de expresión con el cual esforzarme para mostrar lo mejor de mí.
- Pongo la intención en bordar la audición final del 2 de noviembre y debutar como actor de teatro con una importante compañía.
- Pongo la intención en hacer una presentación estelar que impacte a los presentes en la reunión de mañana.
- Pongo la intención en realizar la transición a una vida en la que, cuanto mejor me lo pase, más dinero gane.

FINANZAS

- Pongo la intención en recibir un plus mucho mayor de lo previsto y emplear el dinero en ir a ver musicales a Nueva York en junio.
- Pongo la intención en experimentar en primera persona el principio de «Cuanto mejor me lo paso, más dinero gano».

HÁBITOS

- Pongo la intención en ser la heroína de mi fascinante vida.
- Pongo la intención en llegar a ser una persona capaz de afirmar con confianza que puedo ser artífice de mi propia suerte y vida.

PERSONALIDAD

- Pongo la intención en adquirir fortaleza y confianza para decir lo que pienso sin tapujos al margen de con quién esté hablando.
- Pongo la intención en ser una persona justa y honesta capaz de actuar con buen criterio en todo momento.

SALUD Y BELLEZA

- Pongo la intención en trabajar manteniendo una postura elegante.

- Pongo la intención en ponerme en forma yendo al gimnasio con regularidad y haciendo ejercicios que aumenten mi ritmo cardiaco.

OTROS

- De hoy en adelante, pongo la intención en llevar una vida emocionante y vivir a tope.
- Pongo la intención en despuntar con mi actual trabajo y saltar a la fama.

Deseo consciente de luna llena en Leo

De finales de enero a finales de febrero

Los temas y las palabras clave son los mismos que para la luna nueva. Además, una luna llena en Leo te ayuda a desprenderte de...

- vanidad, arrogancia o actitudes autoritarias
- baja autoestima, abnegación, menosprecio
- problemas o preocupaciones relacionados con el corazón, la espalda, la circulación o la postura

---

2 MAGNÍFICOS EJEMPLOS DE DESEOS CONSCIENTES/LIBERADORES CON PROBABILIDAD DE HACERSE REALIDAD CON LUNA LLENA EN LEO

1. Estoy explotando al máximo mi encanto personal en mi nuevo empleo. <u>Además, tengo la autoestima por las nubes. Muchas gracias.</u>

---

2. He desechado por completo los pensamientos y juicios negativos sobre mi persona. ¡Hasta el complejo de inferioridad que antes tenía se ha transformado en seguridad! Muchas gracias.

RELACIONES AMOROSAS Y ALIANZAS

- Sam, el hombre de mis sueños, me pidió salir. ¡Estoy loca de contenta! Muchas gracias.

TRABAJO Y NEGOCIOS

- Todos los días hago lo que me encanta hacer, que es dibujar, y encima me pagan por ello. ¡Menuda suerte! Muchas gracias.

FINANZAS

- Decidí aceptar únicamente trabajos con los que disfruto, y he doblado mis ingresos. Me he demostrado a mí misma que la fuente del dinero es el disfrute. Muchas gracias.

HÁBITOS

- Mi manía de menospreciarme constantemente ha desaparecido por completo. En cambio ahora tengo por costumbre decir para mis adentros «¡Soy increíble!». Muchas gracias.

PERSONALIDAD

- Desde que me di cuenta de que mi sonrisa es mi mayor baza, me siento mucho más segura de mí misma y soy capaz de actuar con confianza, independientemente de dónde me encuentre o con quién esté. Me da la sensación de que hace siglos que no tengo fobia social al ir a una fiesta. Muchas gracias.

SALUD Y BELLEZA

- Tras realizar una consulta sobre maquillaje profesional, ¡tengo un aspecto tan fabuloso que apenas me reconozco! Me ha dado un subidón de autoestima; estoy alucinada con mi propia transformación. ¡Muchas gracias!

OTROS

- El hecho de estar con Taylor me ha ayudado a verme con otros ojos, y la imagen que tenía de mí misma ha mejorado radicalmente. ¡No solo estoy conociendo gente estupenda, sino que también gano más dinero que nunca! Cuánto agradezco el tener a Taylor en mi vida. ¡Muchas gracias!

6

Luna nueva y luna llena en
VIRGO

CULTIVA UN ENTORNO PROPICIO PARA LA
BUENA SUERTE

Deseos conscientes de Virgo

Crea nuevos hábitos que atraigan la buena suerte con la luna nueva.

Rompe ataduras con todo lo que perjudique tu vibración con la luna llena.

De los doce signos del Zodíaco, Virgo es el único «regulador». Su cometido es poner en orden todo aquello que esté desordenado, confuso o que no funcione correctamente, sea en el ámbito del trabajo, las relaciones personales o las emociones.

Concretamente, la especialidad de Virgo es la salud y el estilo de vida. El hecho de estar sano y mantener el cuerpo en buena forma son condiciones *sine qua non* para atraer oportunidades.

Al investigar por qué los deseos de alguien no se hacen realidad, la mayoría de las veces llego a la conclusión de que esa persona no se cuida. Puede que descuide su cuerpo o que no se alimente bien.

Dicho esto, los seres humanos somos animales de costumbres. Una vez que algo se convierte en un hábito, me consta que es difícil cambiarlo.

¡Y aquí es donde entran en juego los deseos conscientes de Virgo! Cuando deposites tu confianza en la luna nueva o la luna llena en Virgo, te sorprenderá la facilidad con la que podrás erradicar hábitos que no te hacen ningún bien. A lo mejor resulta que dejas de sentir las ganas de fumar o el ansia de comida basura.

Esto se debe a que la energía de Virgo ayuda a eliminar lo innecesario. Yo a menudo recomiendo utilizar los deseos conscientes de Virgo para ponerse a dieta; tanto la luna llena como la luna nueva son propicias para esto.

Virgo te ayuda a equilibrar no solo tu salud física, sino también tu salud mental y emocional. Si te cuesta superar traumas psicológicos o emociones negativas, usa un deseo consciente de luna llena en Virgo.

Desco consciente de luna nueva en Virgo

De finales de agosto a finales de septiembre

Una luna nueva en Virgo te ayuda...

- a realizar tu trabajo con rapidez
- a cumplir el cometido que se te asigna
- a ganarte el reconocimiento y la confianza de los demás
- a apoyar de manera efectiva a tus superiores
- a elevar las cosas al nivel de la perfección
- a actuar con el mejor criterio en una situación
- a adquirir el hábito de despejar y poner en orden
- a cuidarte bien y recuperar tu buena forma
- a mejorar tu condición física
- a conseguir un peso saludable
- a cosechar éxito en el campo de la medicina, la asistencia sanitaria o las terapias de sanación
- con todo lo relacionado con el estómago, los intestinos y la digestión

Preguntas del universo

Para ayudarte a encontrar pistas cuando no sabes qué escribir

- ¿De qué manera te gustaría ser útil a los demás?
- ¿Cuáles son tus puntos fuertes?
- ¿Qué es lo que tiendes a descuidar?
- ¿Qué te preocupa en lo referente a tu salud?
- ¿Cómo te gustaría cuidarte mejor?

---

3 MAGNÍFICOS EJEMPLOS DE DESEOS CONSCIENTES CON PROBABILIDAD DE HACERSE REALIDAD CON LUNA NUEVA EN VIRGO

1. <u>Pongo la intención en</u> terminar mi trabajo de oficina diario por la mañana y centrarme en las ventas por la tarde.
2. <u>Pongo la intención en</u> ofrecer apoyo de forma reflexiva y eficaz a mi jefe en todo momento.
3. <u>Pongo la intención en</u> comer mejor y mejorar mi salud.

PALABRAS CLAVE RECOMENDADAS PARA
DESEOS CONSCIENTES DE VIRGO

Servicio
apoyo, atento, ayudante, secretaria, oficina, trabajo, cometido, deber, responsabilidad, delegado

Tiempo
informe, reglamento, programa, papeleo, trabajo de oficina, rutina, orden, ordenar, despejar

Conciencia sobre la salud
estómago, intestinos, aparato digestivo, hábitos de vida, cuidarse, adelgazamiento, dieta, terapia, sanación, medicina, tratamiento médico, medicina alternativa, naturopatía, hierbas, hierbas chinas, homeopatía, holístico

Competente
gestión, análisis, organizado, eficiencia, habilidad, certificación, alto nivel, alta calidad, meticuloso, perfecto

Puro
refrescante, acicalado, digno, impecable, reservado, sincero, humilde, enjuto, funcional, esbelto

> ⚷ *Prestar servicio*
> cumplir con la misión, satisfacer una demanda, mejorar, analizar, investigar, adaptar, coordinar, cribar, filtrar

RELACIONES AMOROSAS Y ALIANZAS
- Pongo la intención en apoyar a Sam en su vida como su mejor pareja.
- Pongo la intención en conocer a una persona interesante en mi nuevo trabajo y que nos convirtamos en un matrimonio perfecto que sea la envidia de todos.

TRABAJO Y NEGOCIOS
- Pongo la intención en sacarme el título de herborista en un plazo de dos años y abrir un centro donde se combinen las hierbas medicinales con la aromaterapia.
- Pongo la intención en encontrar un nuevo empleo en una importante empresa de contabilidad de aquí a seis meses y aprender sobre la marcha.

FINANZAS
- Pongo la intención en sacarme el título de Diseño de Experiencia de Usuario antes de finales de año y conseguir un ascenso y una subida de sueldo.

- Pongo la intención en ahorrar quinientos dólares mensuales para mi boda a partir de este mes.

HÁBITOS
- Pongo la intención en ser más puntual, calculando siempre cinco minutos de antelación.
- De ahora en adelante, pongo la intención en deshacerme sin contemplaciones de las cosas que no uso.

PERSONALIDAD
- Pongo la intención en elegir de manera activa lo que me ayude a crecer en mi trabajo y en mi vida personal en vez de optar por la salida fácil.
- Pongo la intención en terminar todo mi trabajo de manera impecable sin dejar cabos sueltos, cueste lo que cueste.

SALUD Y BELLEZA
- Pongo la intención en dejar de picar comida basura y optar por tomar frutos secos y otros alimentos sanos.
- Pongo la intención en saltarme la cena el día de luna nueva cada mes para que mi estómago descanse y mi cuerpo recupere el equilibrio.

OTROS

- Pongo la intención en dormir lo suficiente, especialmente cuando tengo ajetreo, para mantener mi cuerpo en óptimas condiciones.
- Pongo la intención en mejorar mi presencia y forma de hablar con el fin de causar una buena impresión a mis clientes.

Deseo consciente de luna llena en Virgo

De finales de febrero a finales de marzo

Los temas y las palabras clave son los mismos que para la luna nueva. Además, una luna llena en Virgo te ayuda a desprenderte de...

- actitudes quisquillosas, críticas o negativas
- la incapacidad de perdonar las equivocaciones de los demás
- la tendencia al perfeccionismo
- problemas o preocupaciones relacionados con el aparato digestivo o el peso, estreñimiento, diarrea

2 MAGNÍFICOS EJEMPLOS DE DESEOS CONSCIENTES/LIBERADORES CON PROBABILIDAD DE HACERSE REALIDAD CON LUNA LLENA EN VIRGO

1. ¡Me he recuperado por completo de mi síndrome «del desorden»! <u>Ahora mis amigos pueden pasarse por mi casa a cualquier hora. Muchas gracias.</u>
2. He perdido los michelines y ahora me cabe la ropa con holgura. <u>¡Me encanta que me quede incluso un poco amplia! Muchas gracias.</u>

RELACIONES AMOROSAS Y ALIANZAS
- Estoy construyendo una relación positiva y fiel con Sam. ¡Creo que igual se me declara pronto! Muchas gracias.

TRABAJO Y NEGOCIOS
- Soy mucho más eficiente en mi trabajo desde el momento en que fui consciente de cómo gestiono el tiempo. Gracias a ello, ahora puedo aprovechar al máximo el tiempo a la salida del trabajo. Muchas gracias.

FINANZAS
- Mis habilidades y logros han obtenido reconocimiento; se me ha recompensado con un aumento de seis mil

dólares. Me siento agradecido a mi jefe, que dio buenas referencias de mí. Muchas gracias.

HÁBITOS

- Últimamente no tengo ganas de fumar. ¡Gracias a ello, tengo la piel más clara y luminosa! Muchas gracias.

PERSONALIDAD

- Ahora creo sinceramente que mi vida solo puede ofrecer cosas buenas. Llevo una vida sin estrés y sin preocupaciones innecesarias. Muchas gracias.

SALUD Y BELLEZA

- Ahora que llego al trabajo una hora antes, nunca me acuesto tarde. Estoy manteniendo una rutina de horarios, ya no sufro estreñimiento, y todo está experimentando un cambio a mejor. ¡Muchas gracias!

OTROS

- Desde la pasada primavera, toda la carga que solían suponer para mí el trabajo y las relaciones ha ido aligerándose de manera natural. Es como si me hubiese quitado un gran peso de encima. Estoy realmente contenta de estar en un lugar donde poder ir a mi aire sin preocuparme por nadie. Muchas gracias.

7

Luna nueva y luna llena en
LIBRA

ENCUENTRA LA PAREJA IDEAL

Deseos conscientes de Libra

Encuentra a tu media naranja con la luna nueva.

Rompe relaciones sin futuro con la luna llena.

Apuesto a que no hay nadie por ahí que no haya deseado conocer a su pareja ideal o a su media naranja. La vida puede cambiar en gran medida en función de a quién conozcas. No es exagerado decir que la vida es cuestión de con quién acabes.

Cuando conocemos a alguien, en realidad es cosa del destino: un terreno fuera de nuestro alcance. Al mismo tiempo, tampoco estamos completamente a su merced.

Si quieres conocer gente, los deseos conscientes de Libra están a tu disposición. Libra se ocupa de todas las relaciones amorosas, desde el primer encuentro, pasando por el noviazgo, hasta el matrimonio. A diferencia de Cáncer, que rige el matrimonio en un sentido más amplio, incluidas las relaciones familiares, Libra se centra en el matrimonio como alianza: la relación entre los dos individuos que integran la pareja.

Con la luna nueva o la luna llena en Libra, puedes formular todo tipo de deseos conscientes que guarden relación con el matrimonio, ya sea conocer a tu media naranja, pasar al siguiente nivel en tu relación, o que se te declare la pareja de tus sueños.

Recurrir a la visualización también puede resultar útil aquí; a lo mejor te encantaría llevar un vestido de novia de corte sirena, o ir de luna de miel a Cancún. Con Libra, cuanto más visualices tu deseo, más fácilmente se hará realidad, así que, adelante, imagínate las situaciones más románticas que te vengan a la cabeza.

Si quieres poner fin a una relación actual, desligarte de un amor no correspondido, o si estás considerando la idea de divorciarte, saca provecho de los deseos conscientes de luna llena en Libra.

Además, los deseos conscientes de Libra son efectivos para contratos y sociedades.

Deseo consciente de luna nueva en Libra

De finales de septiembre a finales de octubre

Una luna nueva en Libra te ayuda...

- a empezar una nueva relación
- a conocer a una posible pareja sentimental
- a intimar con tu pareja
- a comprometerte o casarte
- a mejorar todo tipo de relaciones
- a encontrar un buen socio de negocios
- a firmar un contrato en términos favorables
- a ganar un pleito o un juicio
- a granjearte simpatía y popularidad
- a dejar de sentir vergüenza en público
- con todo lo relacionado con la cintura y la región lumbar

Preguntas del universo

Para ayudarte a encontrar pistas cuando no sabes qué escribir

- ¿Por qué tipo de hombre o mujer anhelas ser amado o amada?
- ¿Qué buscas en una pareja?
- ¿Cuáles son los aspectos que quieres mejorar en tus relaciones?
- ¿En qué facetas de tu personalidad sientes que existe un desequilibrio?
- ¿Qué rasgos de tu físico te gustaría mejorar?

---

3 MAGNÍFICOS EJEMPLOS DE DESEOS CONSCIENTES CON PROBABILIDAD DE HACERSE REALIDAD CON LUNA NUEVA EN LIBRA

1. <u>Pongo la intención en</u> conocer a mi media naranja y empezar mi nueva vida muy pronto.
2. <u>Pongo la intención en</u> construir relaciones cordiales con todas las personas con las que me relaciono en el día a día.
3. <u>Pongo la intención en</u> convertirme en una persona elegante y sofisticada que cause buena impresión a todo el mundo.

PALABRAS CLAVE RECOMENDADAS PARA DESEOS CONSCIENTES DE LIBRA

⚷ *Matrimonio*
romance, compromiso, esponsales, casarse, boda, pareja, media naranja, anillo de compromiso, vestido de novia, esmoquin

⚷ *Relaciones*
noviazgo, social, socio, alma gemela, sociedad, colaboración, conexión, contrato

⚷ *Paz*
amor, armonía, acuerdo, mediación, beneficio mutuo, equitativo, equilibrio, modales, etiqueta

⚷ *Belleza*
rasgos, aspecto, primera impresión, aire, cabello y maquillaje, moda, tipo, salón de belleza

⚷ *Sofisticado*
elegante, estiloso, impecable, listo, buen gusto, atento, empático, congeniar con todo el mundo

> **⚷ *Encuentro***
> salir con, quedar, pedir una cita, quedarse prendado, amar, sentir atracción por, cautivar, enamorarse, declararse

RELACIONES AMOROSAS Y ALIANZAS

- Pongo la intención en conocer a mi alma gemela y casarme en el momento perfecto.
- Pongo la intención en sacar el tema del matrimonio con Madison y que conozcamos a nuestros respectivos suegros antes de finales de año.

TRABAJO Y NEGOCIOS

- Pongo la intención en ser bendecido con compañeros de trabajo increíbles y disfrutar trabajando con ellos en armonía cada día.
- Pongo la intención en encontrar un fabricante que reúna mis requisitos a la perfección y lanzar mi nuevo producto hacia finales de año.

FINANZAS

- Pongo la intención en trabajar en un lugar con estilo y al mismo tiempo obtener bastantes ingresos.
- Pongo la intención en llegar a un acuerdo con el presidente de mi compañía con el fin de que me conceda un

aumento de sueldo mensual de mil dólares a partir del mes que viene.

HÁBITOS

- Pongo la intención en adquirir el hábito de sonreír siempre que me cruce la mirada con alguien.
- Pongo la intención en desarrollar mi criterio estético visitando museos y galerías de arte los fines de semana.

PERSONALIDAD

- Pongo la intención en congeniar con todo el mundo sin sentirme cohibido.
- Pongo la intención en escuchar diferentes opiniones en vez de aferrarme a las mías.

SALUD Y BELLEZA

- Pongo la intención en asistir a clases de pilates y ballet todas las semanas para tonificar mi *core* y conseguir un cuerpo en el que la fuerza y la elegancia estén equilibradas.
- Pongo la intención en ponerme en manos de un estilista personal para hacer una transformación de maquillaje y vestuario, creando así un nuevo *look* que sea sofisticado y elegante.

OTROS

- Pongo la intención en trabajar mi postura y adquirir un porte elegante y sofisticado.
- Pongo la intención en disfrutar al máximo el tiempo que paso en el trabajo y en casa, consiguiendo un equilibrio perfecto entre la vida profesional y la personal.

Deseo consciente de luna llena en Libra

De finales de marzo a finales de abril

Los temas y las palabras clave son los mismos que para la luna nueva. Además, una luna llena en Libra te ayuda a desprenderte de...

- indecisiones, actitudes complacientes o la incapacidad de decir no
- la falta de decisión; la dependencia de los demás
- problemas o preocupaciones relacionados con la cintura y la región lumbar

2 MAGNÍFICOS EJEMPLOS DE DESEOS CONSCIENTES/LIBERADORES CON PROBABILIDAD DE HACERSE REALIDAD CON LUNA LLENA EN LIBRA

1. Actualmente estoy saliendo con la mujer que conocí el otro día. Es probable que <u>le presente a mis padres el mes que viene. Muchas gracias.</u>
2. Ahora soy capaz de decir no cuando me piden que haga algo que no deseo hacer. Gracias a ello, ya no me agobio, <u>y la vida me resulta más llevadera. Muchas gracias.</u>

RELACIONES AMOROSAS Y ALIANZAS

- Fui capaz de cortar por lo sano mi relación sin futuro con Sean. Ahora le deseo lo mejor. Muchas gracias.

TRABAJO Y NEGOCIOS

- Firmé un contrato de estilista con una revista de moda. ¡No hay palabras para describir lo feliz que soy! Muchas gracias.

FINANZAS

- Estoy ganando lo suficiente para comprarme toda la ropa que quiero y aún me sobra dinero. Es maravilloso tener la posibilidad de vestirme como me plazca. Muchas gracias, de verdad.

HÁBITOS

- Gracias a las clases de bailes de salón a las que me apunté, ya no me paso los fines de semana en el sofá. ¡Además, me estoy poniendo en forma! Muchas gracias.

PERSONALIDAD

- Estoy superando la fobia social que solía padecer. Ahora estoy aprendiendo a socializar como un adulto. Muchas gracias.

SALUD Y BELLEZA

- Cambié mi sillón de despacho por una pelota de pilates, y ahora tengo la cintura y las caderas más definidas. La parte superior e inferior de mi cuerpo parecen mucho más proporcionadas. Muchas gracias.

OTROS

- Me siento realizada en todos los ámbitos de mi vida, ya sea en el amor, mi profesión, el dinero, la pasión, la salud o las relaciones. ¡Brindo por mi increíble vida! Muchas gracias.

8

Luna nueva y luna llena en
ESCORPIO

DISFRUTA DE TU PROPIA TRANSFORMACIÓN

Deseos conscientes de Escorpio

> Asume el reto de una esplendorosa transformación con la luna nueva.
>
> Di adiós a tu antiguo yo con la luna llena.

Escorpio puede resultar un poco difícil de asimilar. La vida y la muerte, el renacimiento y el restablecimiento, el sexo y la sexualidad... Escorpio rige aspectos que son, en cierto modo, de gran envergadura. Dado que a menudo es imposible tratar estos temas a la ligera, tal vez sientas cierta renuencia a escribir un deseo consciente relacionado con ellos.

Dicho esto, el regente de Escorpio es Plutón: el cuerpo celeste con más poder del sistema solar. Si eres hábil a la hora de utilizar los deseos conscientes de Escorpio, tendrás la capacidad de dar un giro de ciento ochenta grados a tu vida. Si tu deseo es renacer y comenzar una nueva vida desde cero, no hay nada más poderoso que un deseo consciente de Escorpio.

Lo que me gustaría que tuvieras presente es que Escorpio posee el poder de transformar las cosas. *Cambiar* es una palabra demasiado tibia para describir su verdadero poder transformacional. Si buscas algo totalmente diferente al *statu quo* o aspiras a recuperar lo que se ha truncado, los deseos conscientes de Escorpio son tu mejor herramienta.

Escorpio, junto con Tauro, es un signo propicio para las finanzas. Rige los bienes activos, como los inmuebles, las acciones y los ahorros, además de los ingresos pasivos, como los derechos de autor. Con Escorpio, sería más efectivo escribir un deseo consciente para aumentar el patrimonio neto en vez de simplemente para obtener más ingresos.

Las relaciones sentimentales también figuran entre los temas pertenecientes al ámbito de Escorpio, aunque más bien con la connotación de conexiones entre almas que la de matrimonio. Podemos decir que las almas gemelas, en el sentido estricto del término, pertenecen al dominio de Escorpio.

Escorpio gobierna asimismo el sexo y las hormonas, de modo que si quieres potenciar tu atractivo sexual, puedes recurrir a deseos conscientes de Escorpio.

Deseo consciente de luna nueva en Escorpio

De finales de octubre a finales de noviembre

Una luna nueva en Escorpio te ayuda...

- a centrarte en algo con mayor profundidad
- a mostrar una extraordinaria concentración
- a reforzar el vínculo con un ser querido
- a atraer a un alma gemela
- a volver las tornas a una situación irremediable
- a arreglar o recuperar lo que se ha echado a perder
- a convertir un error del pasado en un logro
- a conseguir una transformación espectacular
- a adquirir inmuebles
- a generar ingresos pasivos
- con todo lo relacionado con el útero, los ovarios, los órganos sexuales, el aparato urinario y la menstruación
- con todo lo relacionado con las hormonas, la sexualidad y el antienvejecimiento

Preguntas del universo

Para ayudarte a encontrar pistas cuando no sabes qué escribir

- ¿A qué labor te gustaría dedicar tu vida?
- ¿A qué situación te gustaría dar un giro?
- Si volvieras a nacer ahora mismo, ¿qué clase de persona te gustaría ser?
- ¿Qué se truncó en el pasado y te gustaría volver a intentar?
- ¿Qué tipo de inmueble te gustaría poseer, y dónde?

---

3 MAGNÍFICOS EJEMPLOS DE DESEOS CONSCIENTES CON PROBABILIDAD DE HACERSE REALIDAD CON LUNA NUEVA EN ESCORPIO

1. <u>Pongo la intención en</u> desprenderme de mi antiguo yo y comenzar una vida totalmente nueva.
2. <u>Pongo la intención en</u> compartir el resto de mi vida con mi alma gemela.
3. <u>Pongo la intención en</u> aprovechar esta luna nueva como una oportunidad para salir de este estancamiento y aprovechar una racha de oportunidades.

PALABRAS CLAVE RECOMENDADAS PARA DESEOS CONSCIENTES DE ESCORPIO

🗝 *Recuperación*
renacimiento, transformación, reseteo, recargar, meditación, fuerza latente, fe, concentración, esencia, valor, verdad, sentimientos puros, comienzo de cero, resurgimiento, segundo intento, instinto

🗝 *Alma gemela*
destino, media naranja, vida pasada, karma, antepasado, herencia, ADN, compañero/a de vida, adopción, sexo

🗝 *Ingresos*
bienes, herencia, banco, póliza de seguro, acciones, inversión, inmueble, derechos de autor, ingresos pasivos, finanzas, patrimonio

🗝 *Misterioso*
sexi, atractivo sexual, seductor, oculto, lencería, la otra cara, arte secreto, videncia, carisma

🗝 *Inigualable*
inquebrantable, verdadero, intransigente, en ningún otro sitio, excepcional, valiosísimo, conocedor, astronómico, a nivel espiritual, predestinado

> ⚡ *Congeniar*
> profundizar en una relación, entenderse mutuamente, casarse de nuevo, calar a alguien, comprometerse a, compartir, heredar, relevar, legar

RELACIONES AMOROSAS Y ALIANZAS

- Pongo la intención en conocer a mi alma gemela y establecer un vínculo que trascienda el tiempo y el espacio.
- Pongo la intención en conocer a alguien sexi y volver a casarme en el plazo de un año.

TRABAJO Y NEGOCIOS

- Pongo la intención en dominar mi actual profesión y convertirme en una figura destacada y carismática en el campo de la terapia de pareja.
- Pongo la intención en encontrar un trabajo al que pueda considerar mi proyecto vital y así dedicar el resto de mis días a una labor significativa.

FINANZAS

- Pongo la intención en encontrar un segundo trabajo y comprarme un ático con vistas a Central Park.

- Pongo la intención en componer un montón de éxitos musicales y vivir holgadamente de los derechos de autor durante el resto de mi vida.

HÁBITOS
- Pongo la intención en donar el diez por ciento de cualquier ingreso y bonificación inesperados a organizaciones benéficas.
- Pongo la intención en adquirir el hábito de meditar antes de acostarme, y prepararme así para dormir profundamente.

PERSONALIDAD
- Pongo la intención en vivir con miras al futuro, sin estancarme en el pasado.
- Pongo la intención en permitir que el talento y los genes que herede de mis padres se potencien al máximo en mi vida.

SALUD Y BELLEZA
- Pongo la intención en hacer meditación *mindfulness* todas las noches antes de acostarme con el fin de desarrollar la fuerza mental necesaria para recuperarme por completo a lo largo de la noche aun cuando haya tenido un mal día.

- Pongo la intención en centrarme en la rehabilitación después de mi operación este invierno y reincorporarme al trabajo totalmente recuperada en primavera.

OTROS
- Pongo la intención en usar mis sentimientos de arrepentimiento y frustración como un trampolín para comenzar de cero al abordar un nuevo proyecto.
- Pongo la intención en aceptar mi propia belleza y tener predisposición para enamorarme en cualquier momento.

Deseo consciente de luna llena en Escorpio

De finales de abril a finales de mayo

Los temas y las palabras clave son los mismos que para la luna nueva. Además, una luna llena en Escorpio te ayuda a desprenderte de...

- sentimientos de paranoia, pesimismo y estrechez de miras
- rencor, ánimo de venganza, celos y apego
- problemas y preocupaciones relacionados con el útero, los ovarios, los órganos sexuales, el aparato urinario y la menstruación

2 MAGNÍFICOS EJEMPLOS DE DESEOS CONSCIENTES/LIBERADORES CON PROBABILIDAD DE HACERSE REALIDAD CON LUNA LLENA EN ESCORPIO

1. He desechado totalmente la creencia irracional de que el amor de mi vida jamás me amará. ¡De ahora en adelante voy a vivir con una actitud positiva! Muchas gracias.
2. ¡Esta luna llena ha provocado un cambio radical en mí! Siento que esta poderosa energía bulle en mi interior como lava caliente. ¡Voy a resurgir para comerme el mundo! ¡Muchas gracias!

RELACIONES AMOROSAS Y ALIANZAS

- Sam y yo éramos uña y carne, pero sin llegar a una relación íntima; sin embargo, ahora nuestra relación es más profunda y nos hemos comprometido. Siento un tremendo alivio al estar con la pareja con la que estaba predestinado. Muchas gracias.

TRABAJO Y NEGOCIOS

- Empecé de cero con un nuevo negocio que ahora está generando muchos más ingresos de lo previsto. ¡Qué contento estoy de haber dado un salto de fe! Muchas gracias.

FINANZAS

- Conocí a un asesor financiero digno de confianza que me enseñó los entresijos de la gestión de bienes inmuebles. ¡Mis ingresos pasivos están a punto de convertirse en una realidad! Muchas gracias.

HÁBITOS

- Desde el momento en que adquirí el hábito de realizar ejercicios de respiración antes de acostarme, mi insomnio ha desaparecido. ¡Ahora me despierto sintiéndome muy espabilado! Muchas gracias.

PERSONALIDAD

- Todo el rencor y la rabia que albergaba hacia mi ex han desaparecido como por arte de magia. Estoy agradecida por el tiempo que pasamos juntos. Muchas gracias.

SALUD Y BELLEZA

- ¡Mi nueva pareja y yo tenemos una química sexual fabulosa! Me siento plena y completa tanto a nivel físico como emocional. Mi cuerpo nunca ha estado más sano, y tengo una sensación de seguridad y felicidad que hasta ahora jamás había experimentado. Muchas gracias.

OTROS

- ¡Mi pareja y yo por fin hemos podido adoptar a un niño precioso! Ambos supimos instintivamente que era él nada más verlo en la casa de acogida. Me muero de ganas de que celebremos la Navidad los tres juntos. Muchas gracias.

9

Luna nueva y luna llena en
SAGITARIO

PERSIGUE INFINIDAD DE OPORTUNIDADES

Deseos conscientes de Sagitario

Lánzate a lo desconocido con la luna nueva.

Elimina cualquier obstáculo innecesario con la luna llena.

El otro día me preguntaron: «¿Qué tienen en común las personas cuyos deseos se hacen realidad fácilmente?». Yo respondí: «Son optimistas». Tener una visión optimista de la vida es la primera condición *sine qua non* para que tu deseo se cumpla. ¿Por qué? Porque todo lo que sucede a tu alrededor es la proyección de tu propia conciencia.

Ni la buena suerte ni la casualidad determinan el hecho de que tu deseo se materialice o no; todo depende de tu conciencia.

Ser optimista significa tomarse cualquier situación con una actitud positiva y proyectar un futuro halagüeño. Y el signo que nos ayuda a cultivar esta conciencia es Sagitario.

Sagitario nos ofrece un sinfín de posibilidades y oportunidades. Sagitario, con Júpiter, la «estrella de la suerte», de regente, es el único que nos brinda increíbles oportunidades que parecen caídas del cielo. Como se trata de un signo bastante generoso, en vez de sucumbir al pesimismo y asumir que tus deseos son poco realistas (Sagitario odia el pesimismo por encima de todo), lánzate a pedir cualquier cosa y todo aquello que anheles.

En lo tocante a los deseos conscientes de Sagitario, sea cual sea el tuyo, pídelo *a lo grande*. Si tu planteamiento es demasiado modesto o te conformas con un deseo que te parezca razonable, dejas que el poder de Sagitario se desperdicie. Con Sagitario es preciso poner el listón muy alto e ir a por todas: a por el mejor resultado que puedas llegar a imaginar.

Si eres proclive al pesimismo, utiliza un deseo consciente de luna llena en Sagitario para erradicarlo.

Sagitario también se asocia al extranjero. Si tienes miras internacionales o abrigas un deseo relativo a países extranjeros, asegúrate de formular un deseo consciente a escala global con Sagitario.

Deseo consciente de luna nueva en Sagitario

De finales de noviembre a finales de diciembre

Una luna nueva en Sagitario te ayuda...

- a expandir o desarrollar lo que ya existe
- a atraer oportunidades y posibilidades
- a conseguir ayuda en el momento oportuno durante un bache
- a vivir y actuar con optimismo y alegría
- a obtener resultados por encima de la media en todo
- a tener la buena estrella garantizada
- a abrirte y ser más sociable
- a establecer contactos a nivel internacional
- a disfrutar de una carrera profesional con proyección internacional
- a triunfar en el sector de los medios de comunicación, la publicidad y el Derecho
- con todo lo relacionado con las caderas y los muslos

Preguntas del universo

Para ayudarte a encontrar pistas cuando no sabes qué escribir

- Si dispusieses de plena libertad, ¿qué te gustaría hacer?
- ¿Qué te frena?
- ¿Por qué no llevas tus ideas a la práctica?
- ¿Qué te gustaría expandir o desarrollar?
- Si tuvieras un mes entero libre, ¿dónde te gustaría ir?

---

3 MAGNÍFICOS EJEMPLOS DE DESEOS CONSCIENTES CON PROBABILIDAD DE HACERSE REALIDAD CON LUNA NUEVA EN SAGITARIO

1. <u>Pongo la intención en</u> confiar en mi buena suerte y cosechar todo el éxito que deseo.
2. <u>Pongo la intención en</u> anteponer la esperanza y las oportunidades al miedo o la inquietud.
3. <u>Pongo la intención en</u> viajar alrededor del mundo y vivir en libertad.

PALABRAS CLAVE RECOMENDADAS PARA
DESEOS CONSCIENTES DE SAGITARIO

Libertad
viaje, acción, aventura, al aire libre, objetivo, meta, un nuevo mundo, lo desconocido, extranjero, posibilidad

Optimista
generoso, tolerante, magnánimo, atrevido, abierto, extrovertido, alegre, dinero caído del cielo, buena suerte, azar, suertudo, afortunado

Curiosidad
formación profesional, escuela de posgrado, máster en administración de empresas, título, máster, médico, doctor, programa de grado universitario, doctorado, internacional, mundial, bilingüe, académico

Auténtico
despreocupado, genuino, franco, como la vida misma, distendido, natural, sano, de frente

Con franqueza
con libertad, como me plazca, abiertamente, con optimismo, fácilmente, con soltura, con naturalidad, como una flecha, deprisa, de manera natural, a gusto

> ⚷ *Lanzarse*
> intentar, arriesgarse, probar suerte, ir bien, desarrollar, crecer, aumentar, ampliar, expandir, liberarse, repasar, echar a volar

RELACIONES AMOROSAS Y ALIANZAS
- Pongo la intención en mostrarme contenta y relajada en presencia de Frankie en vez de ponerme nerviosa.
- Pongo la intención en casarme con un italiano y vivir en Roma o Milán.

TRABAJO Y NEGOCIOS
- Pongo la intención en poner las miras no solo en mi país natal sino también en el resto del mundo, trabajar y triunfar a nivel internacional.
- Pongo la intención en ampliar mi abanico de posibilidades probando suerte en trabajos en los que no tengo experiencia.

FINANZAS
- Pongo la intención en generar gradualmente más de siete mil dólares al mes como periodista de viajes.
- Cuando termine mis estudios en el extranjero, pongo la intención en encontrar un nuevo empleo en una multinacional y doblar mis ingresos actuales.

HÁBITOS

- Pongo la intención en no perder el norte en las malas rachas.
- A partir de ahora, pongo la intención en tomarme la vida como una aventura y comerme el mundo.

PERSONALIDAD

- Pongo la intención en respetar puntos de vista diferentes a los míos y tener amplitud de miras con respecto a todo.
- Siempre que surjan problemas, pongo la intención en afrontarlos con una actitud positiva como si fueran juegos en los que merece la pena participar.

SALUD Y BELLEZA

- Pongo la intención en tonificar mis caderas dando clases de equitación dos veces al mes.
- Pongo la intención en dejar de trasnochar y empezar a llevar un estilo de vida más sano.

OTROS

- Pongo la intención en apuntarme a clases de francés este mes y mantener conversaciones cotidianas con fluidez de aquí a un año.
- Pongo la intención en publicar una guía práctica sobre acampada de lujo en el plazo de un año y que se convierta en un superventas.

Deseo consciente de luna llena en Sagitario

De finales de mayo a finales de junio

Los temas y las palabras clave son los mismos que para la luna nueva. Además, una luna llena en Sagitario te ayuda a desprenderte de...

- irresponsabilidades, rarezas, falta de cuidado o actitudes engañosas
- actitudes ambiguas, dejadez y falta de meticulosidad
- problemas y preocupaciones relacionados con la región lumbar, las caderas y los muslos

2 MAGNÍFICOS EJEMPLOS DE DESEOS CONSCIENTES/LIBERADORES CON PROBABILIDAD DE HACERSE REALIDAD CON LUNA LLENA EN SAGITARIO

1. Tengo plena fe en que mi potencial es infinito. ¡Ahora voy a <u>hacer realidad todos mis sueños! Muchas gracias.</u>
2. Me lo estoy pasando bien al probar adrede cosas que solían parecerme difíciles. <u>Sienta de maravilla</u> lograr cosas que antes me resultaban imposibles. <u>Muchas gracias.</u>

RELACIONES AMOROSAS Y ALIANZAS

- Frankie tiene un corazón que no le cabe en el pecho; es el hombre de mis sueños. Estoy muy agradecida de haberle conocido. Muchas gracias.

TRABAJO Y NEGOCIOS

- ¡Me trasladan a la delegación de mis sueños en Nueva York! Es imposible expresar con palabras lo feliz que me siento. Es un sueño hecho realidad. ¡Muchas gracias!

FINANZAS

- He logrado ampliar mi cartera de clientes este mes, y mis ventas se han disparado. Todo marcha según lo previsto. Muchas gracias.

HÁBITOS

- Desde el instante en que decidí no hacer planes para los fines de semana, he experimentado una sucesión de coincidencias interesantes. ¡Ahora mismo fluyo totalmente con la corriente! Muchas gracias.

PERSONALIDAD

- Ya no dejo el trabajo a medias, y he sido capaz de obtener resultados tangibles. También estoy consiguiendo una magnífica valoración por parte de mi jefe. Muchas gracias.

SALUD Y BELLEZA

- Estoy disfrutando de mi estilo de vida ideal trabajando en la ciudad de lunes a viernes y pasando el fin de semana en mi cabaña en las montañas de Catskills. Para mí, el hecho de estar en un entorno natural resulta más beneficioso que cualquier régimen o suplemento alimenticio. Muchas gracias.

OTROS

- Gracias al hecho de que mi jefa valorara mi personalidad y habilidades, me resultó muy fácil conseguir el permiso de residencia. ¡No doy crédito a lo rápido que ocurrió! Estoy muy agradecido por su generosidad y apoyo. Muchas gracias.

10

Luna nueva y luna llena en
CAPRICORNIO

ALCANZA EL ÉXITO Y MAYOR ESTATUS

Deseos conscientes de Capricornio

Alcanza la meta específica a la que aspiras con la luna nueva.

Deja atrás la vacilación y la incertidumbre con la luna llena.

Capricornio atañe a todo lo relativo a la consecución de resultados. Su misión es lograr objetivos y ganar prestigio.

Si aspiras a alcanzar un objetivo económico o llevar un proyecto a buen puerto, manifiesta los resultados deseados por medio de deseos conscientes de Capricornio.

De nada sirve que te deslomes trabajando si no consigues resultados que los demás valoren: esa es la filosofía de Capricornio. Por lo tanto, cuando escribas un deseo consciente de Capricornio, es fundamental que especifiques el resultado al que aspiras lo más claramente posible. Es aún más efectivo si incluyes cifras concretas, por ejemplo «un cincuenta por ciento más», «cinco mil dólares», o «número uno en ventas».

En lo tocante a cualquier cosa relacionada con el terreno laboral, ¡nada supera los deseos conscientes de Capricornio! Te ayudarán a cosechar todo tipo de logros profesionales, desde magníficas críticas a ascensos y aumentos de sueldo.

Dado que Capricornio está íntimamente ligado a entidades públicas como países y gobiernos, este signo es muy propicio para apoyarte a la hora de conseguir una certificación o una licencia gubernamental. Si aspiras a tener éxito como docente o gerente, los deseos conscientes de Capricornio son tu mejor baza.

Si bien Capricornio tiende a centrarse en lo profesional, no carece de poder en lo que respecta al plano personal. Si anhelas casarte con alguien mucho mayor que tú o de un estatus elevado, un deseo consciente de Capricornio puede ser un poderoso aliado. También es conveniente recurrir a Capricornio cuando deseas estar con una persona honesta, sincera y con los pies en la tierra.

Deseo consciente de luna nueva en Capricornio

De finales de diciembre a finales de enero

Una luna nueva en Capricornio te ayuda...

- a alcanzar una meta ambiciosa
- a perseverar con tesón sin rendirte en el camino
- a ganar creciente reconocimiento y conseguir un ascenso o un aumento de sueldo
- a convertirte en la primera autoridad o en la figura más destacada en tu campo
- a granjearte la aprobación de tus superiores y que te clijan para una labor
- a alcanzar un estatus más elevado
- a eliminar cualquier cosa que sea excesiva o innecesaria
- a mejorar las relaciones con tu padre o con tu jefe
- a casarte con una persona de éxito y posición elevada
- a iniciar una relación sentimental con perspectivas de matrimonio

- con todo lo relacionado con los dientes, los huesos, las articulaciones y la piel

Preguntas del universo

Para ayudarte a encontrar pistas cuando no sabes qué escribir

- ¿En qué sector te gustaría trabajar y triunfar?
- ¿Cuál es tu máxima aspiración en la vida?
- ¿Qué es lo que te gustaría lograr al margen del tiempo que tardes en ello?
- ¿Qué has dejado a medias?
- ¿Qué es lo que te gustaría dejar atrás en este momento?

---

3 MAGNÍFICOS EJEMPLOS DE DESEOS CONSCIENTES CON PROBABILIDAD DE HACERSE REALIDAD CON LUNA NUEVA EN CAPRICORNIO

1. <u>Pongo la intención en</u> alcanzar los objetivos de este mes.
2. <u>Pongo la intención en</u> conseguir los mejores resultados en todo lo que haga.

---

3. <u>Pongo la intención en</u> estudiar con constancia para el examen de acceso al posgrado y celebrar mi aprobado durante la Navidad.

PALABRAS CLAVE RECOMENDADAS PARA DESEOS CONSCIENTES DE CAPRICORNIO

🗝 *Estatus*
posición, título, honor, renombre, galardón, medalla, de alto nivel, ser nombrado, ser elegido, figura líder

🗝 *Maestría*
formación, disciplina, docente, especialización, plan, conocimientos básicos, fundamento, plataforma, crecimiento, mejora, alcanzar una meta

🗝 *Tradición*
el no va más, alta calidad, titular de certificado de garantía real, prestigio, formalidad, tienda consolidada, familia distinguida, historial, historia, artes escénicas tradicionales, ortodoxo, autoridad

🗝 *País*
nación, gobierno, organización, corporación, lo público, licencia estatal

🔑 *Con tesón*

con seguridad, sistemáticamente, incondicionalmente, según lo previsto, según lo planeado, paso a paso, perseverar, dedicar tiempo, estoicamente, con determinación, oficialmente, públicamente, de verdad, abiertamente, lícitamente, sin lugar a dudas

🔑 *Lograr*

obtener resultados, conseguir, aprobar, cosechar reconocimiento, ser recomendado, recibir un rapapolvo, ser elegido como candidato, conseguir un aumento de sueldo, avanzar, subir escalafones

RELACIONES AMOROSAS Y ALIANZAS
- Pongo la intención en construir mi relación con Sam paso a paso y con paciencia.
- Pongo la intención en conocer a una persona con estabilidad económica y una trayectoria profesional consolidada para formar una familia.

TRABAJO Y NEGOCIOS
- Pongo la intención en que los cazatalentos de Google me descubran de aquí a un año y en recibir una oferta que doble mi actual salario.

- Pongo la intención en contratar a una persona competente que sea mi mano derecha y dar de alta mi empresa lo antes posible.

FINANZAS

- Pongo la intención en que mis esfuerzos y logros sean reconocidos este trimestre y recibir un aumento de diez mil dólares.
- Pongo la intención en conseguir un nuevo empleo en una empresa que valore mi experiencia y habilidades y cobrar setenta mil dólares o más al año.

HÁBITOS

- Pongo la intención en delimitar claramente las parcelas de mi vida centrándome en mi trabajo los días laborables y disfrutando a tope los fines de semana.
- Pongo la intención en salir a correr los domingos para comenzar la semana con la mente despejada.

PERSONALIDAD

- Pongo la intención en fijarme metas ambiciosas y continuar creciendo sin conformarme con la mediocridad.
- Pongo la intención en tomarme mi tiempo en construir una base sólida y adquirir experiencia en vez de precipitarme a la hora de obtener resultados.

SALUD Y BELLEZA

- Pongo la intención en fortalecer mis piernas caminando como mínimo treinta minutos cada día a partir de mañana.
- Pongo la intención en blanquearme los dientes periódicamente a fin de sonreír sin reparos.

OTROS

- Pongo la intención en conversar más con mi padre para que nuestra relación pueda mejorar.
- Pongo la intención en abordar seriamente mi actual proyecto con el fin de que se convierta en un importante logro para mí.

Deseo consciente de luna llena en Capricornio

De finales de junio a finales de julio

Los temas y las palabras clave son los mismos que para la luna nueva. Además, una luna llena en Capricornio te ayuda a desprenderte de...

- intransigencia, actitudes puritanas o falta de gracia
- apatía, frialdad o antipatía
- problemas y preocupaciones relacionados con los dientes, los huesos o la piel

2 MAGNÍFICOS EJEMPLOS DE DESEOS CONSCIENTES/LIBERADORES CON PROBABILIDAD DE HACERSE REALIDAD CON LUNA LLENA EN CAPRICORNIO

1. Mis esfuerzos hasta la fecha han sido reconocidos con un ascenso a directora regional. ¡Primer objetivo cumplido! Muchas gracias.
2. He superado totalmente la ansiedad por el hecho de no ver resultados a pesar de mi duro trabajo. Sé que, cuanto más tiempo tarde, mayor será la recompensa. Muchas gracias.

RELACIONES AMOROSAS Y ALIANZAS

- Tras profundizar gradualmente en mi relación con Frankie, al cual conocí mientras estudiaba las oposiciones para técnico de contabilidad, ahora estamos comprometidos y tenemos previsto casarnos en octubre. Agradezco de corazón este maravilloso encuentro con una pareja tan sincera. Muchas gracias.

TRABAJO Y NEGOCIOS

- Mi empresa ha superado con creces las expectativas este primer año, y ya tenemos un balance neto positivo. Y todo gracias al empeño que ha puesto mi equipo. Muchas gracias.

FINANZAS

- He ido avanzando paulatinamente en mi carrera profesional en los últimos tres años y mis ingresos se han ido multiplicando. Ahora sé a ciencia cierta que el esfuerzo en el trabajo compensa. Muchas gracias.

HÁBITOS

- He estado visualizando mis éxitos todas las noches al irme a la cama. Tengo la certeza de que pronto se materializarán. Muchas gracias.

PERSONALIDAD

- He dicho adiós a reprimir mis emociones y a mostrarme indiferente. ¡A partir de ahora transmitiré amor desde el corazón! Muchas gracias.

SALUD Y BELLEZA

- Gracias al considerable aumento de sueldo que he recibido este año, me ha sido posible comenzar el tratamiento de ortodoncia para fortalecer mis dientes. ¡Me muero de ganas de ver qué aspecto tendré dentro de seis meses! Muchas gracias.

OTROS

- ¡He aprobado el MIR y oficialmente soy médico! En mi vida he sido tan feliz. ¡Hurra! ¡Muchas gracias!

11

Luna nueva y luna llena en
ACUARIO

ROMPE EL *STATU QUO* Y PASA AL SIGUIENTE
NIVEL

Deseos conscientes de Acuario

Da un vuelco a tu vida con la luna nueva.

Disfruta de un estilo de vida en libertad con la luna llena.

Te has quedado estancado en un punto muerto. Has topado con un muro que te impide avanzar. Eres incapaz de encontrar una salida. En estos momentos de desesperación, los deseos conscientes de Acuario acuden a socorrerte.

Acuario simboliza la revolución y la renovación. Es especialmente propicio para remover las cosas cuando no hay movimiento y crear un nuevo flujo. Cuando la luna nueva o la luna llena se encuentran en Acuario, es posible pedir un gran avance y confiar en que los acontecimientos se desarrollen con rapidez.

Al tratarse de un signo sumamente progresivo, Acuario también funciona bien para sueños extravagantes y deseos estrambóticos. «Pongo la intención en que el vídeo que colgué en YouTube consiga más de un millón de reproducciones y que me entreviste la CNN»; incluso un deseo como este, por ejemplo, es totalmente aceptable en lo que a deseos conscientes de Acuario se refiere. Entonces, ¿por qué no poner un poco de chispa a las cosas e incluir un deseo tan fuera de lo común como este? Al fin y al cabo, el regente de Acuario es Urano, ¡conocido por dejarnos alucinados! Aun en el supuesto de que no se haga realidad literalmente, es posible que conduzca a logros inesperados.

Otro campo de dominio de Acuario es internet. Acuario, que representa la tecnología, la innovación y una amplia conexión humana que abarca cualquier época, género y nacionalidad, puede ser considerado como el símbolo de la era de internet por excelencia. El deseo consciente de luna nueva es estupendo para el lanzamiento o la expansión de una empresa online; el deseo consciente de luna llena allana el terreno para triunfar con el marketing en redes sociales o hacerse viral.

Por otro lado, Acuario te aporta un magnífico poder para reivindicar tu libertad. Si ansías liberarte de viejos corsés y vivir con libertad, nada te va a empoderar más que los deseos conscientes de Acuario.

De los doce signos del Zodíaco, Acuario es el único que representa al universo. Por lo tanto, con un deseo consciente de Acuario puedes pedir de una manera efectiva el tener una capacidad infalible para captar todas las señales del universo o para atraer, como mínimo, una sincronía al día.

Deseo consciente de luna nueva en Acuario

De finales de enero a finales de febrero

Una luna nueva en Acuario te ayuda...

- a llevar una vida que no esté circunscrita a los convencionalismos
- a trabajar y tener éxito como profesional autónomo
- a idear algo ingenioso
- a pensar de manera diferente
- a avanzar al compás de los tiempos y alcanzar el éxito
- a triunfar con un negocio online
- a expresar el talento creativo
- a entablar nuevas amistades y ampliar los contactos
- a utilizar las redes sociales de manera eficaz
- a dar un vuelco a tu vida
- con todo lo relacionado con las pantorrillas y los tobillos
- con todo lo relacionado con la medicina alternativa

Preguntas del universo

Para ayudarte a encontrar pistas cuando no sabes qué escribir

- ¿A qué te gustaría dar un giro radical?
- ¿Con qué tipo de gente te gustaría conectar?
- ¿Qué es lo primero que quieres mejorar en tu vida?
- ¿En qué sentido te sientes atado a las convenciones?
- ¿Cómo te gustaría expresar tu idiosincrasia?

---

3 MAGNÍFICOS EJEMPLOS DE DESEOS CONSCIENTES CON PROBABILIDAD DE HACERSE REALIDAD CON LUNA NUEVA EN ACUARIO

1. <u>Pongo la intención en</u> armarme de valor para vivir con libertad.
2. <u>Pongo la intención en</u> dejar de vivir como los demás y apreciar el valor de ser diferente.
3. <u>Pongo la intención en</u> liberarme de las ataduras de los convencionalismos y llevar la vida que realmente deseo.

PALABRAS CLAVE RECOMENDADAS PARA DESEOS CONSCIENTES DE ACUARIO

Red
amigos, amistad, amigos íntimos, alma gemela, contactos horizontales, camaradas, grupo, libertad, autónomo, colaboración

Global
el mundo entero, filantropía, relaciones a larga distancia, inspiración, idiosincrasia, ingenioso, innovador, extraordinario, puntero

Ecología
la Tierra, el universo, el planeta, astronomía, astrología, señales del universo, medioambiente, medicina alternativa, voluntario, sin ánimo de lucro, conservación

Tecnología de la información
internet, redes sociales, sistema, programación

Lógicamente
objetivamente, con una perspectiva amplia, con calma, con sentido común, sin importar lo que piensen los demás,

libre de convencionalismos, por separado, con libertad, drásticamente, de raíz, con osadía, de golpe

🗝 *Reformar*
romper, imponerse, aventajar, adoptar, simplificar, optimizar, modernizar, transformar, remodelar, avanzar al compás de los tiempos, conectar, logro

RELACIONES AMOROSAS Y ALIANZAS

- Pongo la intención en que Taylor y yo, incluso después de casarnos, sigamos siendo los mejores amigos el uno para el otro y que haya un profundo entendimiento mutuo.
- Pongo la intención en que mi relación a distancia con Taylor refuerce el vínculo existente entre nosotros.

TRABAJO Y NEGOCIOS

- Pongo la intención en dejar mi trabajo a finales de marzo y tener éxito como autónomo.
- Pongo la intención en reservar mi trabajo rutinario para momentos concretos con el fin de disponer de más huecos en mi agenda.

FINANZAS

- Pongo la intención en montar una empresa de comercio electrónico que supere los doscientos mil dólares en ventas durante el primer año.
- Pongo la intención en añadir otro dígito a mis ingresos anuales cambiando mi enfoque del trabajo.

HÁBITOS

- Pongo la intención en convertir todas mis ideas originales en nuevos proyectos en vez de dejarlas languidecer.
- Pongo la intención en hacer nuevos amigos de diferentes perfiles a través de mi labor de voluntariado mensual.

PERSONALIDAD

- Pongo la intención en seguir compartiendo mis opiniones e ideas en las redes sociales sin preocuparme por ser objeto de críticas.
- Pongo la intención en preguntarme qué beneficia al mundo en vez de qué es rentable siempre que tenga que tomar una decisión difícil.

SALUD Y BELLEZA

- Pongo la intención en realizar treinta levantamientos de pesas cada mañana y así desarrollar y fortalecer los músculos de las piernas para completar un maratón.

- Pongo la intención en aprender qigong y técnicas de respiración para mejorar mi salud sin necesidad de medicamentos.

OTROS

- Pongo la intención en estudiar astrología y vivir en armonía con el universo.
- Pongo la intención en procurarme mi propio trabajo en vez de esperar a que surja.

Deseo consciente de luna llena en Acuario

De finales de julio a finales de agosto

Los temas y las palabras clave son los mismos que para la luna nueva. Además, una luna llena en Acuario te ayuda a desprenderte de...

- la desconfianza hacia los demás; actitudes conflictivas o moralistas
- sentimientos de rechazo, rebeldía hacia la sociedad o la autoridad
- problemas o preocupaciones relacionados con las pantorrillas o los tobillos

2 MAGNÍFICOS EJEMPLOS DE DESEOS CONSCIENTES/LIBERADORES CON PROBABILIDAD DE HACERSE REALIDAD CON LUNA LLENA EN ACUARIO

1. Ahora recibo señales del universo y también entiendo su significado. ¡Cómo disfruto reconociendo estas señales! Muchas gracias.
2. He desterrado la idea de que es más fácil estar solo que con alguien. ¡Y ya ha aparecido una posible pareja! Muchas gracias.

RELACIONES AMOROSAS Y ALIANZAS

- Taylor y yo nos sentimos a gusto disfrutando de una relación libre sin intentar controlarnos el uno al otro. Me siento agradecida por tener al compañero perfecto. Muchas gracias.

TRABAJO Y NEGOCIOS

- El negocio sostenible con el que soñaba comienza a despegar de verdad. ¡Es un milagro la cantidad de empresas que han accedido a patrocinarnos! Muchas gracias.

FINANZAS

- Ahora tengo libertad para vivir mi vida sin limitaciones de tiempo, además de ingresos de sobra. ¡Qué feliz soy ahora que mi ideal de estilo de vida es una realidad! Muchas gracias.

HÁBITOS

- He dejado de ser esclavo de las convenciones y la reputación. ¡Ahora aspiro a llevar un estilo de vida fuera de lo común! Muchas gracias.

PERSONALIDAD

- Ya no acostumbro a darle demasiadas vueltas a todo. Mi vida ha dado un giro desde que doy prioridad a mi instinto. Muchas gracias.

SALUD Y BELLEZA

- Mi malestar general, que no respondía al tratamiento, ha experimentado una significativa mejoría gracias a que he tomado suplementos alimenticios para equilibrar mi dieta. ¡Cada día me siento más joven y fuerte! Muchas gracias.

OTROS

- Ahora tengo la suerte y la libertad de hacer realidad todo aquello que deseo. Gracias al universo, que crea justo las sincronías que necesito y que me guía constantemente hacia lo más elevado y sublime, no tengo dudas. Gracias de corazón.

12

Luna nueva y luna llena en
PISCIS

PERDONA TODO CON AMOR INFINITO

Deseos conscientes de Piscis

Pon fin a una situación con la luna nueva.

Rompe ataduras del pasado con la luna llena.

Como último signo del Zodíaco, Piscis representa la culminación. Dado que simboliza el final de un ciclo, en lo que a deseos conscientes de Piscis se refiere, es más conveniente optar por el cierre y el balance en vez de por un nuevo comienzo. En el caso de que tu deseo fuese emprender algo, tendría que ser proceder a cerrar.

Recuerda que Aries siempre sucede a Piscis. Todo termina con Piscis y comienza con Aries; ese es el ciclo de cambio del universo. En otras palabras, Piscis es un signo no solo de culminación, sino también de preparación.

Antes de pasar a la siguiente fase, has de convertirte en una persona capaz de gestionarlo. Suelta toda la carga física y emocional con el fin de poder tomar impulso al cabo de un mes. Cuando la luna nueva o la luna llena se encuentren en Piscis, visualiza tu nuevo yo mientras escribes tu deseo consciente.

Al margen de lo que sucediese en el pasado, perdona y acepta sin más. La energía de Piscis es un corazón indulgente que transforma la rabia y el odio en gratitud.

Si te aferras a algo que no has sido capaz de perdonar, ¿qué te parece si se lo encomiendas a un deseo consciente de Piscis? Un deseo consciente de luna llena en Piscis puede poner fin airosamente a relaciones fútiles que se encuentran en un punto muerto o sin perspectivas de futuro.

Este signo también está profundamente ligado a la sanación. Si tienes expectativas de trabajar y triunfar en terapias de sanación, especifícalo en un deseo consciente de luna nueva en Piscis. Por otro lado, los deseos conscientes de Piscis pueden ser efectivos para quienes buscan desarrollarse profesionalmente en el mundo del cine, la fotografía, el arte, la danza, la música y otras disciplinas creativas.

Deseo consciente de luna nueva en Piscis

De finales de febrero a finales de marzo

Una luna nueva en Piscis te ayuda...

- a amar y ser amado
- a curar heridas y traumas del pasado
- a tener un gran corazón lleno de amor y una mente abierta
- a recibir el poder de lo invisible
- a perdonar a quien no habías sido capaz de perdonar hasta ahora
- a mover energía estancada
- a materializar tus ideales
- a dominar técnicas o terapias de sanación
- a permitir que afloren tus dotes musicales o artísticas
- a poner fin a una relación sin futuro
- con todo lo relacionado con las piernas, el sistema linfático o el sueño

Preguntas del universo

Para ayudarte a encontrar pistas cuando no sabes qué escribir

- ¿Qué circunstancia del pasado supuso un trauma para ti?
- ¿Qué es lo que continúas evitando porque no quieres afrontar?
- ¿Qué te crea dependencia en épocas de estrés?
- ¿Qué te gustaría ver materializado con ayuda de lo invisible?
- ¿Cuál es la vida ideal que eres capaz de imaginar mentalmente?

---

3 MAGNÍFICOS EJEMPLOS DE DESEOS CONSCIENTES CON PROBABILIDAD DE HACERSE REALIDAD CON LUNA NUEVA EN PISCIS

1. <u>Pongo la intención en que</u> todo lo que imagine se haga realidad.
2. <u>Pongo la intención en</u> potenciar mi amor y talento al máximo y de la mejor manera posible en aras de la paz mundial.
3. <u>Pongo la intención en</u> conectar con ángeles y guías espirituales para recibir asistencia divina.

PALABRAS CLAVE RECOMENDADAS PARA DESEOS CONSCIENTES DE PISCIS

🔑 *Amor*
amor incondicional, compasión, bondad, oración, paz mundial, comprensión, afinidad, empatía, integración, contribución, perdón

🔑 *Sanación*
sanador, espiritual, fantasía, expectativa, ensoñación, sueño, lo invisible, ángel, espíritu, tarot, cartas del oráculo

🔑 *Arte*
música, pintura, infografía, 3D, danza, fotografía, cine

🔑 *Agua*
fragancia, perfume, aroma, licores, alcohol, mar, playa, ola, natación, surf, yate, deportes acuáticos, spa, piscina

🔑 *Romántico*
fantástico, mágico, intuitivo, idealista, imaginado

🔑 *Purificar*
limpiar, soltar, eliminar, rezar, sanar, cuidar, aceptar, servir, curar, dedicar

RELACIONES AMOROSAS Y ALIANZAS

- Pongo la intención en que mi futura media naranja se me aparezca en sueños.
- Pongo la intención en perdonar a Kyle de corazón, aquí y ahora, y pasar página para comenzar una nueva relación con otra persona.

TRABAJO Y NEGOCIOS

- Pongo la intención en dar la vuelta al mundo con mi música y cantos con cuencos de cristal para sanar los corazones y las almas de la gente.
- Pongo la intención en transmitir todo el amor que yace latente en mi interior a través de mi profesión.

FINANZAS

- Pongo la intención en que todo lo que proyecte me reporte dinero.
- Pongo la intención en atraer el dinero como si fuera coser y cantar.

HÁBITOS

- Pongo la intención en elegir un espacio cada día y ordenarlo poco a poco.
- Pongo la intención en apuntarme a clases de acuarela para expresar las dotes artísticas que he mantenido ocultas.

PERSONALIDAD

- Pongo la intención en permitir que el amor, en vez de la razón, guíe mis decisiones.
- Pongo la intención en distanciarme de los quejumbrosos y pasar el rato únicamente con gente que desprenda buena energía.

SALUD Y BELLEZA

- Pongo la intención en empezar a nadar el mes que viene para ponerme en óptima forma.
- Pongo la intención en beber como mínimo ocho vasos de agua al día y conseguir un cuerpo sano que elimine toxinas con facilidad.

OTROS

- Pongo la intención en perdonar a cualquiera que me haya tratado injustamente alguna vez y elevar mi vida entera a partir de hoy.
- Pongo la intención en seguir rezando con ayuda de los ángeles para que mi padre se recupere totalmente de su enfermedad.

Deseo consciente de luna llena en Piscis

De finales de agosto a finales de septiembre

Los temas y las palabras clave son los mismos que para la luna nueva. Además, una luna llena en Piscis te ayuda a desprenderte de...

- desidia, estilos de vida poco saludables, adicciones
- cobardía, obsesiones, relaciones en punto muerto
- problemas y preocupaciones relacionados con las piernas; circulación linfática deficiente

2 MAGNÍFICOS EJEMPLOS DE DESEOS CONSCIENTES/LIBERADORES CON PROBABILIDAD DE HACERSE REALIDAD CON LUNA LLENA EN PISCIS

1. Estoy superando de manera natural el trauma que sufrí debido a mis padres. Ahora lo único que siento es gratitud. Muchas gracias, de verdad.
2. He dejado atrás mi estilo de vida poco saludable. ¡Ahora que me cuido mejor ya he perdido tres kilos! Muchas gracias.

RELACIONES AMOROSAS Y ALIANZAS

- Nada más salir de aquella relación sin futuro, me presentaron a una persona encantadora. Ahora me doy cuenta de que, cuando rompes ataduras, las cosas nuevas definitivamente llegan a tu vida. Muchas gracias.

TRABAJO Y NEGOCIOS

- Empezamos a ofrecer lecturas del tarot en nuestro centro de belleza, y ahora muchos clientes están repitiendo. ¡Las ventas se están disparando! Muchas gracias.

FINANZAS

- Mis expectativas se han cumplido y están generando beneficios tangibles. Es increíble cómo funciona el universo. Muchas gracias.

HÁBITOS

- Últimamente he dejado de darme atracones, aun cuando me siento estresado. Me sienta mucho mejor soltar el estrés bailando. Muchas gracias.

PERSONALIDAD

- Ahora que he pasado página, soy capaz de centrarme en mí misma y de mejorar mi vida con creces. Ahora me encuentro de mejor ánimo. Muchas gracias.

SALUD Y BELLEZA

- Mi metabolismo ha experimentado una mejora radical gracias a los baños con sales marinas que he estado dándome. Ahora soy capaz de soltar todas las emociones negativas y el estrés del día antes de acostarme. ¡Muchas gracias!

OTROS

- El hecho de mandar energía de amor y gratitud a mi hermana ha propiciado que todo el resquemor que albergaba hacia ella desaparezca. Ahora me siento realmente agradecida de que sea mi hermana, y mi corazón está totalmente en paz. Muchas gracias.

TERCERA PARTE

Cómo sacar más partido
a tu deseo consciente

Técnicas avanzadas para afinar
tu deseo consciente

En los capítulos anteriores he explicado los principios fundamentales del método del deseo consciente. Dicho método de por sí es más que suficiente, pero estoy segura de que muchas personas querrán conocer esa herramienta a la que es posible recurrir cuando anhelan en lo más hondo que un deseo se haga realidad. Así que, para aquellos a quienes les interese, en este capítulo voy a ir más allá, presentando diversas técnicas avanzadas de formulación de deseos conscientes. Aunque no es imprescindible utilizarlas, si lo haces, tu deseo consciente tendrá mucha más efectividad si cabe. Considéralas como la guinda del pastel.

Técnicas para un deseo consciente más efectivo

1. Aprovecha al máximo cuando la luna nueva y la luna llena se encuentren en tu signo lunar (deseo consciente del signo lunar personal).
2. Revisa tus deseos conscientes mientras Mercurio se halla en movimiento retrógrado.
3. Añade un *collage* de Luna a tu deseo consciente.
4. Sintoniza con la voluntad del universo con agua de Luna.

Voy a comenzar por la primera técnica.

Técnica 1

Aprovecha al máximo la luna nueva
y la luna llena en tu signo lunar
(deseo consciente del signo lunar personal).

Experimenta un subidón de energía cada seis meses

Los fenómenos de la luna nueva y la luna llena se producen doce veces al año, pero estas solamente transitan en tu signo lunar una vez. Constituyen ocasiones sumamente especiales para hacer realidad no solo un deseo consciente, sino también un *deseo milagroso.*

A modo de recordatorio, lo que popularmente se conoce como *signo* en los horóscopos, en realidad designa el signo solar. Si, por ejemplo, tu signo es Cáncer, eso significa que la posición del Sol se hallaba en Cáncer el día de tu nacimiento.

Sin embargo, en astrología utilizamos un total de diez cuerpos celestes, y el Sol es solo uno de ellos. El mero hecho de que el Sol se hallase en Cáncer no implica necesariamente que los otros nueve cuerpos celestes también se encontraran en Cáncer. De hecho, es más probable que estuvieran distribuidos entre los distintos signos.

Uno de esos cuerpos celestes es la Luna. La Luna representa tu esencia y, en ese sentido es, si cabe, más importante que el Sol. Tu signo lunar personal es el signo del Zodíaco donde se ubicaba la Luna en el instante en que naciste. Cuando comienzas a ver tu vida a través de tu signo lunar, adquieres clarividencia y atraes la buena suerte y una oportunidad tras otra. No es casualidad que, en japonés, una de las palabras que designa a la suerte, *tsuki,* también signifique «Luna».

Puedes consultar tu signo lunar en keikopowerwish.com.

Tu signo lunar es el pilar de tu vida

Creo que la forma más fácil de entender la diferencia entre el signo solar y el signo lunar es con la imagen de un árbol. Si el signo solar fuera el tronco del árbol, el signo lunar serían las raíces. Como el tronco, con una gran superficie, constituye la parte visible, a simple vista parece ser la estrella del espectáculo. Sin embargo, lo que en realidad hace que el árbol crezca son las raíces, ocultas bajo el suelo. El tronco puede adquirir fuerza y grosor solo gracias a que las raíces se extienden en todas las direcciones y absorben los nutrientes.

Lo mismo sucede con el signo lunar. El árbol de tu vida despliega sus ramas y hojas, florece y da fruto desde tu signo lunar. No es exagerado decir que el hecho de que tu vida prospere con todo su esplendor depende de lo bien que tu signo lunar «absorba los nutrientes».

El momento en que tu signo lunar absorbe los nutrientes se produce dos veces al año, cada seis meses, concretamente:

- El día en que la luna nueva se encuentra en tu signo lunar (luna nueva del signo lunar personal).
- El día en que la luna llena se encuentra en tu signo lunar (luna llena del signo lunar personal).

Estos dos días son tus ocasiones para cargarte al máximo de energía. En estos días, los sesenta billones de células de tu cuerpo absorben con avidez la energía universal a modo de raíces de árboles que impulsan los nutrientes desde el suelo.

Así es como acumulas y almacenas la capacidad de atraer la buena suerte.

Cuando la luna nueva o la luna llena coinciden con tu signo lunar...
Recuerda: la luna nueva es un estado en el que la Luna y el Sol se encuentran en perfecta alineación. Y cuando la luna nueva coincide con tu signo lunar, la energía de la Luna y el Sol cae a raudales directamente sobre ti como una avalancha. ¿A que es increíble el mero hecho de imaginarlo?

Entonces, ¿qué ocurre cuando la luna llena coincide con tu signo lunar? La luna llena es un estado en que la Luna y el Sol se encuentran en lados opuestos. Aunque la Luna y el Sol ocupen posiciones diferentes, desprenden un torrente máximo de energía sobre ti, como en el caso de la luna nueva. La cualidad de la energía, no obstante, lógicamente será distinta.

A diferencia de la luna nueva, que es propicia para los comienzos, la luna llena es propicia para la liberación. Y cuando la luna llena coincide con tu signo lunar, no se produce una liberación cualquiera; se magnifica hasta el nivel de la purificación.

Todos tus bloqueos mentales, entre ellos emociones negativas, creencias limitantes y traumas, son arrancados de cuajo y erradicados por completo. Así de superpoderosa es la desintoxicación que se produce junto con la recarga completa de energía cuando la luna llena está en tu signo lunar.

Tu deseo consciente se convierte en un deseo milagroso
Cuando la luna nueva o la luna llena coinciden con tu signo lunar, la energía del universo se focaliza en ti. Es como si te convirtieses en un imán de energía. El hecho de que la energía se focalice significa que existe mayor poder para manifestar tu deseo. Dicho de otro modo, hay más probabilidades de que tu deseo consciente se haga realidad.

En estas dos ocasiones, de hecho, tienes la posibilidad de formular un deseo milagroso. Aunque te dé la impresión de que tu deseo es demasiado inalcanzable, cabe la posibilidad de que se cumpla contra todo pronóstico si lo escribes como deseo consciente de tu signo lunar. No darías crédito. Por lo tanto, cuando la luna nueva o la luna llena coincidan con tu signo lunar, te recomiendo que te atrevas a escribir un deseo que te parezca irrealizable.

Si, por ejemplo, en los meses restantes te conformas con pedir unos ingresos anuales de cincuenta mil dólares, te sugiero que en el deseo consciente de tu signo lunar escribas algo así: «Pongo la intención en que mis ingresos anuales superen los cincuenta mil dólares».

Si anteriormente habías escrito: «Pongo la intención en llegar a ser la pareja de Dylan», te sugiero que expreses tu deseo consciente de signo lunar así: «Pongo la intención en que Dylan se me declare en el plazo de un año y que seamos bendecidos con un bebé poco después».

Para pedir un deseo consciente de tu signo lunar, escribe sin ningún reparo cosas que consideres que pertenecen al ámbito de los sueños. El truco reside en hacerlo con la actitud alegre y despreocupada de «¡Oh, a lo mejor esto se hace realidad!», quizá incluso tarareando tu melodía favorita mientras lo escribes.

Sigue al pie de la letra las reglas del deseo consciente
Puedes ignorar los campos de dominio de tu signo únicamente para el deseo consciente de tu signo lunar. Te aconsejo que escribas absolutamente todo lo que te gustaría que se hiciera realidad, sean deseos, expectativas, planes, pensamientos, ideas inspiradoras, sueños o ideales.

Dicho esto, asegúrate de seguir las reglas del deseo consciente. Aunque es muy probable que tus deseos se cumplan, la forma de redactarlos sigue revistiendo importancia. Me gustaría que siguieses las reglas del deseo consciente correctamente, sobre todo en tus días especiales. No es necesario que tengas en cuenta los temas del ámbito de los signos, pero no olvides las frases de anclaje y los anclajes.

Usa palabras poderosas para elevar aún más la vibración
Por otro lado, recomiendo encarecidamente incluir palabras poderosas (página 66). Como he explicado en las páginas 59-62, las palabras poderosas son las que pueden llegar con facilidad al universo. Poseen una vibración elevada y te ayudan a conectar con el universo.

Prueba esto: lee las palabras de la página 66 en voz alta. ¿No te levanta el ánimo el mero hecho de leerlas? ¿No sientes que te invade una sensación de euforia? ¿No te dibujan una sonrisa en la cara? Ese es el poder de las palabras poderosas. Esa sensación es la esencia pura de la alta vibración.

El hecho de leerlas en voz alta propicia que se perciba su efecto, pero la vibración en sí no cambia si las palabras únicamente se escriben y no se pronuncian. Cuando incorporas palabras poderosas a tu deseo consciente, la vibración del propio deseo se eleva. Así, combinado con el poder de las frases de anclaje y los anclajes, tu deseo está listo para ser enviado directamente al corazón del universo.

Recuerda: cuando la luna nueva o la luna llena se encuentren en tu signo lunar personal, ya estás conectado con el universo; es el momento más favorable para que tus deseos se cumplan. Si además incorporas palabras poderosas, no habrá quien te pare. ¡Así es absolutamente imposible que el universo ignore tu deseo!

Dicho esto, no te empeñes en incluir palabras poderosas en tus deseos hasta el punto de que empiecen a sonar forzados. Limítate a usarlas siempre que las consideres acordes a lo que quiera que anheles; con eso es suficiente.

Los deseos conscientes del signo lunar personal pueden escribirse en un plazo de cuarenta y ocho horas
La regla básica del deseo consciente es redactarlo en un plazo de diez horas (y si no es posible, entonces en veinticuatro horas como máximo) desde el instante en que se forma la luna nueva o la luna llena.

No obstante, cuando la luna nueva o la luna llena se encuentren en tu signo lunar, es posible ampliar este margen de tiempo y escribirlo en un plazo de veinticuatro horas. Incluso puedes redactarlo en dos días consecutivos. Esto es debido a que en estas dos ocasiones la energía del universo no solo se focaliza y fluye sobre ti como un aluvión, sino que también permanece contigo durante más tiempo.

Permite que el universo decida qué deseo se hace realidad primero
En los días en que la luna nueva o la luna llena coinciden con tu signo lunar, además de recibir un subidón de energía, es posible que la voz de tu alma —la verdad suprema que subyace en lo más hondo de tu ser— aflore de repente y se exprese. A consecuencia de ello, es posible que se te ocurra un deseo que parece surgir de la nada, o que experimentes emociones desconocidas hasta la fecha.

Por ejemplo, tal vez hayas estado considerando la idea de escribir un deseo consciente para llegar a ser el mejor vendedor del departamento de ventas y conseguir un ascenso, pero nada más sentarte a redactarlo, caes en la cuenta de que tu verdadero anhelo es disfrutar de una vida tranquila junto a la playa. A veces te puede dar la impresión de que tienes una larga lista de deseos que se contradicen entre sí; no pasa nada. Aun cuando abrigues dos deseos que en tu opinión sean incompatibles, no te preocupes: simplemente hay que actuar con franqueza y escribir los dos.

En tu deseo consciente de signo lunar, haz todo lo posible por transmitir al universo todo aquello que realmente quieres. Y después deja que el universo te conceda tus deseos uno a uno, comenzando por los más fáciles de materializar.

REPASO DEL DESEO CONSCIENTE DEL SIGNO LUNAR PERSONAL

Escribe tu deseo consciente en un plazo de cuarenta y ocho horas. Incluso puedes escribirlo a lo largo de dos días consecutivos.

Incluye palabras poderosas. (Ver página 66).

Anota todo aquello que te venga a la cabeza, sin tener en cuenta los campos de dominio del signo.

No olvides utilizar frases de anclaje y anclajes.

Técnica 2

Revisa tus deseos conscientes con Mercurio
en movimiento retrógrado.

Mercurio es el planeta que rige las palabras, tanto expresadas verbalmente como por escrito. Todo lo que guarda relación con la comunicación se halla bajo el dominio de Mercurio. Y las tres semanas durante las cuales Mercurio se encuentra en movimiento retrógrado (entre tres y cuatro veces al año) brindan la ocasión perfecta para revisar lo que has escrito anteriormente.

¿Qué es el movimiento retrógrado de Mercurio?
«Mercurio retrógrado» últimamente se ha convertido en una expresión muy en boga; incluso las personas que no saben nada sobre astrología la han oído. Tal vez su mera mención te provoque desasosiego; al fin y al cabo, es preciso tener prudencia con ciertas cosas cuando Mercurio se halla en movimiento retrógrado. Sin embargo, no todos los aspectos de Mercurio retrógrado son negativos. De hecho, siempre y cuando entendamos bien su naturaleza, puede constituir una poderosa herramienta.

No hay que temer a Mercurio en movimiento retrógrado, sino beneficiarse de ello.

El movimiento retrógrado es un fenómeno en el que un planeta parece estar moviéndose hacia atrás. En realidad, no se desplaza hacia atrás, sino que debido a su posición relativa con respecto a la Tierra, como ambos planetas giran alrededor del Sol, da la impresión de que está retrocediendo. ¿Como cuando adelantas a un coche en la autovía y parece que se desplaza gradualmente hacia atrás? Pues es lo mismo.

No solo Mercurio traza un movimiento retrógrado. Aparte de la Luna y el Sol, el resto de planetas que se utilizan en astrología (Venus, Marte, Júpiter, Saturno, Neptuno, Urano, Plutón) también retroceden. Entonces, ¿por qué es Mercurio el único sobre el que se habla?

Hay dos razones.

1. EFECTOS TANGIBLES

Mercurio es el planeta que gobierna no solo las palabras, sino también la información (aparatos electrónicos), la comunicación y los medios de transporte. Dado que todo ello está estrechamente ligado a nuestra vida cotidiana, es fácil apreciar el efecto de Mercurio en movimiento retrógrado.

Ejemplos: averías de teléfonos inteligentes, bloqueos de ordenadores, pérdida de cobertura telefónica, correos electrónicos extraviados (o enviados por error), malentendidos, falta de respuestas, atascos o accidentes de tráfico, retrasos en vuelos, falta de puntualidad, etc.

2. PROXIMIDAD A LA TIERRA

De media, Mercurio es el planeta más próximo a la Tierra (la Luna se halla más cerca de la Tierra, y a continuación Mercurio), de modo que sus efectos se aprecian de manera más acusada. La verdad es que nos da igual lo que alguien haga en la lejanía, pero si alguien realiza un movimiento extraño en un lugar próximo, nos sobresaltamos. Es lo mismo.

Al leer la primera razón, lo cierto es que suena inquietante, pero todo tiene su lado positivo y su lado negativo. Cuando Mercurio se halla en movimiento retrógrado las cosas se ralentizan, pero la buena noticia es que precisamente es la ocasión idónea para recapitular, volver a intentar algo y reforzar los cimientos. El movimiento retrógrado brinda la ocasión de mirar atrás. Si actualmente estás estudiando algo, ponte a repasar el material cuando comience el retroceso. Así, retendrás lo que aprendas y podrás dominar la asignatura con mayor rapidez.

Lo mismo sucede con un deseo consciente. Cuando echas un segundo vistazo a los deseos conscientes que has escrito anteriormente, están grabados en un nivel más profundo de tu subconsciente, de ahí que puedan hacerse realidad con mayor facilidad. Esto es debido a que su materialización implica una colaboración entre el universo y tu subconsciente.

Utiliza el repaso para anclarte más profundamente
en el universo
Cuando Mercurio se encuentra en movimiento retrógrado es el momento de afianzar. Plantéatelo como una oportunidad para anclarte más profundamente en el universo.

PRÁCTICAS RECOMENDADAS DURANTE EL MOVIMIENTO RETRÓGRADO DE MERCURIO

Repasa los deseos conscientes que has escrito anteriormente (es mejor leerlos en voz alta).

Revisa o pule los deseos conscientes que has escrito anteriormente.

Mientras relees tus deseos conscientes, visualízalos mentalmente.

En un cuaderno, crea un *collage* de imágenes (por ejemplo, con recortes de revistas) que represente lo que escribiste (*collage* de Luna).

Sería ideal que pudieras hacer estas cuatro cosas, pero si te resulta demasiado difícil, céntrate en el cuarto punto, el *collage* de Luna, tu prioridad absoluta. Lo explicaré más adelante, pero ¡hacer *collages* de Luna durante el movimiento retrógrado de Mercurio tiene un increíble poder!

Nuestra mente racional y pensante (el lado izquierdo del cerebro) tiende a embotarse un poco cuando Mercurio se encuentra en movimiento retrógrado. No obstante, en realidad esto es una circunstancia favorable a la hora de crear un *collage* de Luna —donde interviene el lado derecho del cerebro— porque puedes utilizar el hemisferio derecho del cerebro sin interferencias por parte del izquierdo. El movimiento retrógrado de Mercurio también brinda la ocasión perfecta para practicar la visualización.

CALENDARIO DE MERCURIO EN MOVIMIENTO RETRÓGRADO

2020: 18 de febrero-9 de marzo / 17 de junio-12 de julio / 13 de octubre-3 de noviembre

2021: 30 de enero-20 de febrero / 29 de mayo-22 de junio / 27 de septiembre-18 de octubre

2022: 14 de enero-3 de febrero / 10 de mayo-2 de junio / 9 de septiembre-2 de octubre / 29 de diciembre-18 de enero de 2023

Para consultar un calendario más amplio, visita keikopowerwish.com.

Técnica 3

Añade un *collage* de Luna a tu deseo consciente.

*Un deseo consciente en una hoja del cuaderno;
un* collage *de Luna en la cara opuesta*
Si quieres que tus deseos conscientes se materialicen íntegramente, te recomiendo que uses un cuaderno especial. El truco consiste en utilizar cada doble página para asociar tu deseo consciente con imágenes inspiradoras. Solo tienes que (1) escribir tu deseo consciente en una cara (la derecha o la izquierda, indistintamente) y (2) a continuación, en la cara opuesta, pegar imágenes que simbolicen el deseo. Es tan sencillo como hojear una revista y seleccionar las imágenes que mejor ilustren tu deseo consciente. Cuando encuentres una imagen que te llame la atención, recórtala y pégala en el cuaderno. También puedes buscar imágenes en internet e imprimirlas, claro. Es una tarea muy entretenida.

Como seguramente recordarás, la idea original de la técnica del *collage* de Luna se me ocurrió a raíz del comentario de mi amiga Wakako: «Se me da fatal visualizar» (ver página 34); en aquel momento me pregunté qué otra cosa podía ella hacer. El caso de la propia Wakako demuestra que los *collages* de Luna surten el mismo efecto que la visualización.

Es posible llevar a cabo las tareas (1) y (2) al mismo tiempo tanto con luna nueva como con luna llena. También cabe la posibilidad de ceñirse a los intervalos de tiempo y realizar solamente la (1) con luna nueva y luna llena y luego la (2) durante el movimiento retrógrado de Mercurio. Como en este sentido no existen reglas fijas, tómate la libertad de hacerlo como te plazca. ¡Aquí lo importante es pasarlo bien!

La técnica del *collage* de Luna es muy popular en el círculo en que me muevo. A una de mis amigas le suscita tanto interés que cada año gasta un cuaderno entero que tiene reservado exclusivamente para los deseos conscientes de su signo lunar. ¡Más del noventa por ciento de los deseos que ha escrito en sus cuadernos se han cumplido! Eso demuestra el poder del método del deseo consciente. Es un testimonio de hasta qué punto puede ser efectivo reservar un cuaderno para combinar deseos conscientes y *collages* de Luna.

Comunicarse con el universo de tal manera que le resulte fácil de entender

Hay dos razones por las cuales necesitas un *collage* de Luna.

En primer lugar, es una herramienta que transmite fácilmente al universo. ¿Conoces la expresión «Ver para creer»? En vez de intentar describir a alguien con palabras, por ejemplo, qué es una orquídea mariposa —«es una flor blanca con forma de mariposa, pero no es puntiaguda»—, bastaría con mostrarle una foto de la flor y lo entendería muchísimo más rápido.

Lo mismo sucede con el universo. Si bien un deseo consciente sigue siendo el mejor medio para conectar con el universo, la imaginería contribuye enormemente a facilitar que el universo lo entienda. Si el universo entiende tus deseos con mayor facilidad, en la misma medida será mucho más probable que se materialicen.

Elección del momento justo en que el universo te envía señales

La segunda razón para hacer un *collage* de Luna es que te ayuda a reconocer las señales del universo. Esto es debido a que el proceso estimula el lado derecho del cerebro.

La misión del universo es crear oportunidades y sincronías. Deberíamos dejar que se encargue totalmente de ello. Por otro lado, nuestra misión es aprovechar todas estas oportunidades.

El universo te mandará señales a menudo, sobre todo durante los días posteriores a cuando escribas un deseo consciente. Si eres capaz de identificar estas señales, tu deseo está prácticamente garantizado. El proceso completo del método del deseo consciente se inicia cuando escribes tu deseo y finaliza cuando reconoces las señales del universo.

Pero la verdad es que algunas personas hacen caso omiso de las oportunidades que el universo crea para ellas y, de entrada, hay quienes ni siquiera son capaces de reconocer las señales. El universo envía señales claras, ¡y sin embargo muchas personas se lamentan de no tener oportunidades ni encuentros inesperados!

El motivo por el que las señales del universo pasan inadvertidas

¿Por qué estas personas no reconocen las señales del universo? O, mejor dicho, ¿por qué son incapaces de reconocerlas? Porque no tienen puesta su antena: la antena para captar las señales del universo.

Esta antena está conectada al lado derecho del cerebro, así que, cuanto más actives el hemisferio cerebral derecho, más fácil te resultará captar las señales. Además, empezarás a experimentar una sincronía tras otra.

Sin embargo, en la sociedad actual, es inevitable que predomine el hemisferio cerebral izquierdo. El hemisferio cerebral derecho permanecerá inactivo para la mayoría de nosotros a menos que de manera consciente creemos oportunidades para utilizarlo. Por eso muchas personas ni siquiera se percatan de las señales que el universo pacientemente les envía.

Así pues, empleaste esta técnica sumamente efectiva conocida como método del deseo consciente y tu deseo se transmitió al universo. Pero si no eres capaz de identificar las señales del universo, es como si carecieras de herramientas para recoger el delicioso fruto de las semillas que plantaste. ¡Qué desperdicio!

Acabas de conocer a grandes rasgos el arte secreto del deseo consciente. Has aprendido la manera más poderosa de hacer realidad tu deseo. Ahora también es preciso que aprendas a reconocer las señales del universo. Esta es la razón por la que recomiendo utilizar *collages* de Luna.

Técnica 4

Sintoniza con la voluntad del universo con agua de Luna

Un deseo se hace realidad cuando dos partes comparten la misma voluntad. Por ejemplo, una pareja puede casarse únicamente cuando ambas personas coinciden en quererlo.

El mejor de los escenarios, por supuesto, es que tu voluntad coincida con la del universo. Cuando se da el caso, todos y cada uno de tus deseos se hacen realidad, por muy disparatados o ambiciosos que puedan parecer.

La voluntad del universo se pone de manifiesto con la luna nueva y la luna llena. Así que, si descifras los designios del universo a partir de un mapa astronómico y escribes un deseo consciente que se alinee con ellos, la probabilidad de que tu deseo se cumpla roza el cien por cien. Ese es el gran secreto.

Pero eso es difícil, ¿verdad? Cuesta descifrar la voluntad del universo a partir de un mapa astronómico, a menos que seas un experto en astrología. Entonces, ¿qué podemos hacer? ¿Existe alguna manera de desentrañar los designios del universo, aparte de leer las estrellas?

Pues sí. Hay una manera de conocer la voluntad del universo sin recurrir a complejos mapas astronómicos. Bueno, para ser más precisos, este método no es para «conocer» la voluntad del universo, sino más bien para sincronizarse con él de manera natural.

Y ese método consiste en preparar agua de Luna y beberla.

Para aquellos de vosotros que nunca hayáis oído hablar de ello, el agua de Luna es agua que se expone a la energía de la luna nueva o de la luna llena durante más de dos horas. Cuando bebes esta agua y tu cuerpo absorbe la vibración del universo, básicamente te imbuyes de la voluntad del universo.

La voluntad del universo en realidad es una vibración que alberga todos sus pensamientos e intenciones. Nosotros usamos palabras para transmitir nuestras intenciones, pero el universo las expresa a través de su vibración. La vibración en sí es la voluntad del universo.

El agua registra las vibraciones

Es de sobra conocido que el agua registra las vibraciones. Por ejemplo, hay un estudio que demuestra que el agua expuesta a la palabra *gracias* cristaliza de forma muy diferente al agua expuesta a la palabra *idiota*. Otro estudio mostró un resultado similar con agua expuesta a la música de Mozart frente a agua expuesta a música de *heavy metal.**

Tal y como avalan estos estudios, el agua asimila, absorbe y registra la información que se le proporciona. El agua de Luna utiliza precisamente esta característica del agua. El agua bañada de luz de Luna durante un novilunio se llama agua de luna nueva, y el agua bañada de luz de Luna durante un plenilunio se llama agua de luna llena.

Lo maravilloso del agua de Luna es que permite que nuestro cuerpo absorba la energía de la Luna a través del agua, una sustancia vital para nosotros. Transmite la energía de la Luna y del universo a los sesenta billones de células de nuestro cuerpo. ¿A que es increíble?

El deseo consciente trabaja con la mente; el agua de Luna trabaja con el cuerpo

Nuestro cuerpo y nuestra mente forman una dualidad. Cuando ambos se mueven en la misma dirección, sentimos equilibrio en nuestra vida y en nuestro interior, y todo comienza a encajar en su sitio.

---

* MASARU, Emoto (2005), *Los mensajes ocultos del agua*, México, editorial Alamah.

El método del deseo consciente trabaja con la mente mediante las palabras y la imaginería. ¿Y qué pasa con el cuerpo? Si la mente y el cuerpo han de moverse en la misma dirección con el fin de que nuestro deseo se cumpla, también tenemos que poner a nuestro cuerpo al corriente de nuestro deseo consciente bebiendo agua de Luna.

Recuerda que la parte de tu ser que actúa para materializar tu deseo no es tu mente, sino tu cuerpo; la totalidad de tus sesenta billones de células, para ser exactos.

En este caso, por otro lado, es necesario que tus células asimilen tu deseo. Cuando tu mente y tu cuerpo se encuentran en armonía, tu deseo puede materializarse.

Cómo usar agua de Luna para potenciar tu deseo consciente

A. Deja que el agua de Luna registre tu deseo consciente

Esto es superfácil. Escribe el deseo consciente en el cuaderno específico para ello, coloca una botella de agua de color azul encima de esa página, déjala bajo la luz de la Luna al menos dos horas y... ¡listo! Si a estas alturas ya has preparado un *collage* de Luna, puedes poner otra botella encima del *collage* y dejar que se impregne de la energía de la Luna.

Ten presente que es crucial que la botella sea de cristal azul. El azul es el color que mejor atrae la vibración de la Luna, y el cristal es el material más compatible con esa vibración. No utilices botellas de plástico; bloquean la vibración de la Luna. El agua metida en una botella de plástico no se convertirá en agua de Luna aunque la dejes reposar bajo su luz.

En el transcurso de las dos horas durante las cuales la botella de agua permanece expuesta a la luz de la Luna, el agua del interior absorbe y registra la vibración de tu deseo consciente. Lo único que tienes que hacer es tomarte el agua de Luna una vez que esté lista. Tus células recibirán la «orden» —tu deseo consciente— y trabajarán a una para atraer la realidad que tú, su amo, deseas.

B. Escribe tu deseo consciente mientras bebes agua de Luna

Con el método A, el agua de Luna registra tu deseo consciente, lo cual significa que será necesario que termines de escribir tu deseo consciente antes de preparar agua de Luna. No obstante, existe otra alternativa que revierte el proceso y que es igual de poderosa.

Con este método, aun cuando el agua de Luna no registre tu deseo consciente, al mismo tiempo que lo escribes recibirás el apoyo de la vibración de la luna nueva o la luna llena, la cual se registra en el agua de Luna. ¡Y el efecto es inmediato! Es como si el universo se pusiese a tu lado con un lector de código de barras e introdujese tu deseo en su sistema en cuanto lo escribes. Ese es el tipo de alianza que puedes esperar por parte del universo.

Tanto la opción A como la B funcionan igual de bien; no hay una mejor que otra. Opta por la que te resulte más cómoda o creas conveniente en el momento oportuno.

Los acontecimientos se desarrollan según el signo del Zodíaco

El agua de luna nueva y el agua de luna llena no solo registran la información de tu deseo consciente, sino también la del signo del Zodíaco en que la luna nueva o la luna llena se encuentran y atraen la realidad que se alinea con ella.

Yo misma llevo bebiendo agua de Luna desde Dios sabe cuándo. Por mis años de experiencia, me consta que cada signo del Zodíaco produce un agua de Luna única en cuanto a gusto y textura. Es más, los acontecimientos que se producen y la gente que conoces después de beberla también varían en función del signo.

Por ejemplo, el agua de Luna que se prepara con luna nueva o luna llena en Tauro es bastante rica. Es densa y posee un gusto con cuerpo. Y, después de beberla, a menudo recibo regalos deliciosos (por ejemplo, un brazo de gitano de edición limitada de una famosa pastelería en la que alguien había comprado de sobra), me invita a cenar algún gastrónomo o me mandan entradas para una exposición de arte.

Por otro lado, el agua de Luna que se prepara con luna nueva o luna llena en Sagitario es ligera y bastante insípida. Incluso cuando la preparo en un día frío, por alguna razón siempre está un pelín tibia. Lo curioso es que nada más beberla, ¡comienzo a recibir correos electrónicos del extranjero! En mi caso, en parte se debe a que tengo más contactos internacionales que la mayoría de la gente, pero, a pesar de ello, resulta fascinante recibir un aluvión de noticias del exterior siempre que tomo agua de Luna en Sagitario. A veces incluso me surge un inesperado viaje de trabajo al extranjero al día siguiente de beberla.

Todos los acontecimientos se materializan a partir de la vibración
Si bebes agua de Luna durante un tiempo, creo que también empezarás a vivir frecuentes situaciones relacionadas con el signo zodiacal del agua de Luna. Esto se debe a que la energía del signo quedó registrada en el agua de Luna, y esa información se transmitió a las células de tu cuerpo cuando te la bebiste.

Todo lo que ocurre en este mundo es una proyección de tu propia energía. Quizá bebiste agua de Luna de Cáncer —que posee una profunda conexión con el hogar— y encontraste el piso ideal. O a lo mejor bebiste agua de Luna de Libra —que representa las alianzas— y te pidió salir alguien en quien tenías interés. Nada de esto es casualidad. En lo que a mí respecta, son sencillamente consecuencias. Así es como funciona la vibración.

La vibración de la Luna atrae la buena suerte

Como afición particular, llevo años realizando el experimento de registrar la vibración de la Luna en objetos cotidianos *(sintonización)*. Lo que he descubierto es que los líquidos como el agua y el aceite (solamente el que sea cien por cien orgánico) son los que mejor absorben y registran la vibración de la Luna, especialmente el agua. Como el setenta por ciento de nuestro cuerpo es agua, absorbe el agua de Luna sin oponer la menor resistencia. Es decir, la vibración del agua de Luna se convierte en parte de ti.

Si bebes periódicamente agua de Luna dos veces al mes, lo lógico es que fluyas al compás de la Luna y, con el tiempo, al del universo. Además, tu suerte mejorará, claro está. Como he mencionado anteriormente, la palabra japonesa *tsuki* significa «fortuna» y «Luna». Es la Luna —con su veloz órbita y rápidos aspectos cambiantes con relación a otros cuerpos celestes— la que crea los acontecimientos y oportunidades a los que denominamos «fortuna» o «suerte».

Cómo preparar y utilizar el agua de Luna

Por último, deja que te explique cómo preparar agua de Luna, aunque es muy sencillo. En una noche de luna nueva o luna llena, vierte agua de manantial o filtrada (de cualquier marca, sin gas) en una botella de cristal azul (preferiblemente más grande que una botella de vino) y déjala reposar a la luz de la Luna más de dos horas. El mejor sitio para colocar la botella es el patio o el porche; el alféizar de la ventana también va bien.

A veces recibo correos electrónicos donde me dicen: «Anoche no pude preparar agua de Luna debido a la lluvia»; sin embargo, se puede preparar agua de Luna aunque esté nublado, lloviendo o nevando. Esto es debido a que el poder de la Luna no cambia, al margen de que lo apreciemos o no. Piénsalo: para empezar, es imposible ver la Luna cuando hay luna nueva. Es importante tener esto presente.

Una vez que has preparado el agua de Luna, bébetela toda en un plazo de cuarenta y ocho horas. Es mejor, no obstante, que te la tomes antes. Yo normalmente me la bebo en una hora.

El agua de Luna tiene vida, igual que los alimentos perecederos. A medida que transcurre el tiempo, la vibración de la Luna se pierde. Si has preparado de sobra, puedes usarla cuando te des un baño o para lavarte la cara o el pelo.

También recomiendo colocar un vaso lleno en la mesilla de noche. Mientras dormimos, nuestra energía se restaura y nuestras células se regeneran. Además, durante la noche se acumula nuestra suerte. En Japón tenemos un dicho: «El niño que duerme, crece»; lo mismo sucede con la suerte.

Dicho esto, como de noche también absorbemos energía negativa, es preciso que coloquemos un buen escudo. Purificar el dormitorio dos veces al mes con agua de luna nueva y agua de luna llena, las cuales poseen una alta cualidad purificadora, puede ser un recurso poderoso para mantener a raya la energía negativa. No tienes más que poner el agua en la mesilla de noche. Eso sí, deséchala a la mañana siguiente; no te la bebas.

CÓMO PREPARAR AGUA DE LUNA

QUÉ SE NECESITA
1. Una botella de cristal azul (no utilices botellas de plástico, pues bloquean la vibración de la Luna. Ten presente que el agua no se convertirá en agua de luna nueva o agua de luna llena en una botella de plástico a pesar de dejarla a la luz de la Luna).
2. Agua de manantial o filtrada (de cualquier marca, sin gas).

PREPARACIÓN
1. Vierte el agua de manantial en la botella de cristal azul y ponle el tapón.
2. Déjala reposar a la luz de la Luna durante dos horas como mínimo.
3. Si quieres que el agua de Luna registre tu deseo consciente, abre tu cuaderno de deseos conscientes y pon la botella encima del texto o de tus imágenes inspiradoras antes de dejarla reposar a la luz de la Luna.

¿Quieres saber más sobre el deseo consciente?

Visita keikopowerwish.com para:

- Ver el calendario completo de lunas nuevas y lunas llenas.
- Consultar tu signo lunar personal.
- Averiguar cuándo se produce el movimiento retrógrado de Mercurio.